U0515041

项目支持

本专著受国家自然科学联合基金（U1904125）、河南省高校科技创新人才（人文社科）（2021-CX-027）、河南省软科学项目（222400410203）、信阳师范学院南湖青年学者（A类）、大别山区经济社会发展研究中心、信阳师范学院著作出版基金联合资助，特此感谢！

RESEARCH ON THE PATH OF
RURAL REVITALIZATION BASED

基于致贫成因和脱贫机理的乡村振兴路径研究

ON THE CAUSES OF POVERTY AND
THE MECHANISM OF POVERTY ALLEVIATION

高军波　著

社会科学文献出版社
SOCIAL SCIENCES ACADEMIC PRESS (CHINA)

摘　要

改革开放以来，我国农业农村发展取得了举世瞩目的成就，许多地区的乡村进入了转型发展的新阶段。乡村贫困人口的持续稳定脱贫是实现城乡融合与乡村振兴的首要任务。农区是解决乡村贫困问题、推进城乡融合与乡村振兴的主战场之一，探讨农区乡村贫困特征、时空格局、致贫与脱贫机理，进而揭示乡村贫困发展的一般规律，可以为我国贫困地理研究与乡村振兴发展提供支撑，具有重要的理论与现实意义。为此，本书以河南省为例，从多维度、多尺度视角，实证研究欠发达农区不同地理环境下区域贫困差异、动态特征与格局演化、致贫与脱贫因素，县域贫困与粮食生产动态关系以及巩固脱贫攻坚成果与乡村振兴有机衔接进展，并借此进行农区乡村振兴路径探索。本书主要研究内容及结果包括以下几个方面。

第一，本书基于"三农""四化""五建设"理论内涵及发展研究，以中国特色社会主义发展"双百目标"为导向进行纵向逻辑梳理，发现"三农"是农业农村发展的基础问题，"四化"是解决问题的途径，"五建设"既是引导问题解决的手段，又是问题解决的理想目标，具有目标与手段二重性，实现城乡融合与乡村振兴是最终目的。"三农四化五建设"是一个有机、完整的理论体系，涵盖问题、成因、对策三个要素板块，形成了由 17 个研究领域构成的农村发展问题研究体系，其中乡村贫困是农村民生研究领域的重要研究方向。

第二，本书基于河南省精准扶贫统计与实地调研数据，从县域及农户两个层次进行贫困特征研究，并分山地、丘陵、平原三种地貌类型进行区域对比。研究发现：（1）河南省共有国定贫困县38个，截至2018年10月，已有5县退出，退出率为13.2%。（2）1986~2016年，河南省贫困县数量持续增加，集中分布在豫东、豫南、豫西地区，整体呈Y字形连续分布。（3）河南省不同地理环境类型贫困县的贫困特征差异明显。平原与丘陵地区以因病致贫为主，山地地区因病致贫与缺资金或缺技术致贫并存；山地和丘陵地区住房安全隐患多；山地和丘陵地区贫困农户受教育结构要优于平原地区。（4）不同区域地形地貌及资源禀赋是贫困县致贫客观因素；产业模式单一、人口素质偏低是重要原因；退出县因地制宜落实产业扶贫政策，脱贫效果较好。

第三，本书基于2000~2010年河南省粮食持续增产背景，构建了县域多维贫困评价体系，研究河南省县域多维贫困空间模式、地域差异及形成机制。研究发现：（1）河南省县域多维贫困水平整体较高且呈极化趋势增长，县域多维贫困存在强烈的空间自相关性且空间差异增大。（2）县域多维贫困呈东高西低格局，总体上形成核心—边缘半环形空间结构。（3）河南省县域多维贫困地域差异特征显著，中原城市群社会发展水平最高，但县域间差距最大；豫东地区县域社会发展呈较低水平空间均衡；农村社会发展水平显著滞后于城市辖区，但县域间农村差距却为城市辖区的2倍。（4）河南省县域多维贫困与粮食生产格局趋同，粮食高产县区虽持续增加，但其社会经济发展水平仍显著落后，不但证实传统农区粮食"高产穷县"的研究发现，而且揭示出"粮食越高产、社会不发展"的典型农区现实。

第四，本书基于问卷调查和实地访谈数据，采用多层线性模型，分农户、村、县三个尺度，系统研究河南省不同地貌类型下农户致贫因素及致贫机理，得出如下结论：（1）河南省农户贫困水平总体介于中度贫困和轻度贫困之间，贫困程度整体不深，但贫困户个体素质、居住地经济发展区位和资源禀赋条件劣势突出。（2）不同尺度下农户致贫因素差异显著。种植业收入比重、16岁以下未成年人比重及转移性收入比重高是河南省农户层面主要致贫因素，村平均高程、村与乡镇政府距离会加剧农户致贫因素的作用，县域地形、人均GDP及涉农投资与农户贫困水平显著相关，但作用水平及方向因地貌类型不同而异。（3）不同地理环境下农户致贫因素的作用机理不同。16岁以下未成年人比重高和医疗费用支出比重高是平原县农户致贫的根源，家庭种植业收入比重高是山地县农户致贫的关键因素，农户经济来源中种植业收入及转移性收入比重高是丘陵县主要的致贫因素，且与乡镇政府距离越远，其致贫作用越强。

第五，本书以大别山区的新县和黄土高原地区的延长县为例，以贫困发生率为因变量，从"人""业""地"3个维度选取自变量，综合运用空间自相关和地理探测器等方法，解析不同地理环境下贫困空间的分异模式与作用机制。结果表明：（1）大别山区贫困空间集聚以点状和团块状相间分布为主，黄土高原地区则以团块状分布为主；（2）大别山区"地"和"业"2个维度对空间贫困作用显著，黄土高原地区"人""业""地"3个维度作用相对均衡；（3）承载空间"地"的资源丰度不同带来的生存压力不同是两地贫困形成机制的差异所在，黄土高原地区基于足够的生存资源，在相对封闭的空间形成3个维度的负向循环累积，而大别山区因资源匮乏，个体在生存理性抉择下选择外出务工，从而打破贫困累积的循环。

第六，本书以河南省不同地貌类型贫困县的实地调查数据为基础，按照"户—村""户—县"层次结构，运用多层线性模型，从不同尺度剖析了贫困户脱贫因素。研究发现：（1）60岁以上老人比重、常年务工人口比重、帮扶措施、种植业收入比重、务工收入比重、医疗费用支出比重与脱贫户家庭增收变化关系最密切，外出务工是脱贫增收最重要的手段；60岁以上老人并非家庭负担而对脱贫有利，降低种植业收入比重和医疗费用支出比重以及获得帮扶措施均有利于脱贫。（2）技能培训比资金帮扶更有利于激发农户内生动力、促进农户稳定增收和持续脱贫。（3）村耕地面积、县地形及人均GDP差异对脱贫户收入变化有显著影响，通过作用于农户外出务工选择而影响脱贫成效，表明农户脱贫是其内在动力与外在综合环境共同作用的结果。

第七，本书利用河南省53个贫困县近年发布的1124条与乡村振兴有关的新闻，通过自然语言处理方法，深度挖掘脱贫攻坚与乡村振兴有机衔接的关键信息，并判断不同地区乡村振兴发展阶段。研究发现：（1）脱贫县在发文总量、发文频率、时间跨度等方面差异显著，脱贫摘帽的时间早晚是关键影响因素。（2）个别地区脱贫攻坚与乡村振兴能够实现协同并进，但在摘帽之后大幅提高乡村振兴关注度的情况依然存在。（3）以乡镇为枢纽，强化基层组织与开展广泛调研是各地的普遍做法；截至2019年仅有5个县已经打造出了独具特色的乡村振兴道路，但半数地区还未确定振兴主线，还需继续扩大脱贫攻坚成效；1/3的地区仍在讨论地区乡村振兴规划。

第八，本书基于农区功能定位，通过城乡一体化评价和区域类型划分，进行农区乡村振兴路径探索。研究发现：（1）河南省县域城乡一体化可分为现代农业发展城乡一体化、固定资产投资城乡一体化、经济发展与公共服务城乡一体化、居民经济收入城乡一体化四种类型；（2）经济发展是河南省县域城乡一体化发展的核心动力，农村固定资产投资、城乡生活水平差异是提升县域城乡一体化的重要力量；（3）构建乡村振兴路径应正视区域特殊性和功能定位差异。河南省乡村振兴要以农业现代化发展、三产融合发展、新型城镇化发展、社区共同体建设为主导路径，激活乡村要素，提升结构功能，实现乡村地域系统稳定可持续发展。

本书的相关成果对于乡村贫困研究、乡村振兴发展、精准扶贫实践及乡村政策创新具有一定的启示意义和参考价值。

关键词： 农区 乡村贫困 乡村振兴 河南省

Abstract

Rural poverty is the biggest shortcoming of the current sustainable development of the countryside. The poverty-stricken population will be lifted out of poverty under the current standards before 2020, all poverty counties quit smoothly and solve regional overall poverty, which is the primary task of achieving urban-rural integration and rural revitalization. The agricultural area is one of the main battlefields to solve the problem of rural poverty and promote urban-rural integration and rural revitalization. Exploring the rural poverty characteristics, poverty alleviation and poverty alleviation mechanism in rural areas, and revealing the general law of rural poverty development, can provide support for poverty geography research and rural revitalization development in China, and has important theoretical and practical significance. Thus, this study empirically study regional poverty differences, dynamic characteristics and pattern evolution, poverty and poverty alleviation factors, the relationship between county poverty and food production in different geographical environments of underdeveloped agricultural areas from a multi dimensional perspective, and then to explore the rural revitalization path. The details of the four empirical case studies are listed as follows.

（1） The "three dimensional rural issues" is the basis problem of agricultural and rural development based on the theoretical connotation and development research of "three dimensional rural issues", "The new four modernization" and "five construction", with the "double hundred goals" of Chinese characteristic socialist development as the guide, The "new four modernization" are the way to solve problems, and the "five constructions" are not only a means to guide problem solving, but also an ideal goal for problem solving, with the duality of goals and means, The ultimate goal is to achieve urban-rural integration and rural revitalization. The theories above is an organic and complete theoretical system covering three elements of problems, causes and countermeasures, and form a research system for rural development problems consisting of 17 research fields, and rural poverty is an important research direction in the field of rural people's livelihood research.

（2） The poverty characteristics of the county and farmer households were studied, based on the statistics of Henan Province's precision poverty alleviation statistics and field research, and carry out regional comparisons of three types of landform, including mountain, hill and plain we found that. ① There are 38 national poverty-stricken counties in Henan Province. 5 counties have dropped out before October 2018, and the exit rate is 13.2%. , all the poverty-stricken counties will be removed in 2020 , and there is a long way to go. ② the number of poverty-stricken counties in Henan continued to increase during 1986−2016, concentrated in the eastern, southern Henan, and western Henan regions, and the whole was continuously distributed in a Y-shape. ③There are significant differences in poverty characteristics among poverty-stricken counties with different geographical environments in Henan Province. Plains and hills are mainly caused by disease-causing poverty, and mountainous areas suffer from poverty due to illness and lack of funds or lack of technology; The housing conditions of farmers in the plains are good, and the safety risks of housing in mountainous and hilly areas are high. The poor farmers in mountainous and hilly areas are better than the plains. ④ The topography and resource endowment of different regions are objective factors for poverty-stricken counties in poor counties; the single industrial model, the narrow market and the low population quality are important reasons; It is good way to develop the economy according to local conditions, implement the industrial poverty alleviation policy, and drop out from poverty.

(3) The county multi-dimensional poverty evaluation system was constructed to study the multi-dimensional poverty space model based on the background of continuous grain production increase in Henan Province from 2000 to 2010, regional differences and formation mechanism of county counties in Henan Province. The study found: ① The multi-dimensional poverty level of counties in Henan Province is generally high and polarized. The multi-dimensional poverty in counties has strong spatial autocorrelation and spatial differences. ②The multi-dimensional poverty in the county is east-high and low-west, and the core-edge semi-annular space structure is formed overall. ③The characteristics of the multi-dimensional poverty-stricken areas in the county of Henan Province are significant. The social development level of the Central Plains urban agglomeration is the highest, but the gap between the counties is the largest; The social development of counties in the eastern Henan region is at a lower level of spatial balance; the social development level of rural counties lags behind urban jurisdictions significantly, but the gap between counties is twice that of urban jurisdictions. ④ The multi-dimensional poverty and the pattern of grain production in the county of Henan Province are similar. Although the grain-producing counties continue to increase, their social and economic development level is still significantly

backward. It not only confirms the research findings of the traditional ' high-yield poor counties" in the agricultural areas, but also reveals the typical agricultural realm of "the higher the grain production, the society still not develop".

(4) The poverty-reducing factors and poverty-reducing mechanism of farmers in different landform types in Henan Province has been studied based on the questionnaire survey and field interview data, and the multi-level linear model. The conclusions were as follows: ①The poverty level of farmers in Henan Province is generally between moderate poverty and mild poverty. The overall poverty level is not deep, but the individual quality of the poor households, the economic development location of the residential areas and the resource endowment conditions are prominent. ② the poverty factors in different scales is significantly different, in the scale of household, the main poverty factors are the ratio of income from agricultural cultivation, the burden of minors' foster and the dependence of family economic sources on transfer income. The average village elevation and distance of village to township government exacerbate the role of poverty factors in village scale, while in county scale, the county terrain, per capita GDP and agriculture-related investment close related to poverty levels of farmers, but the level and direction of action vary depending on the type of landform. ③The poverty mechanisms of household are different in different landform types of counties. The burden of minors' maintenance and medical expenses are the root causes of poverty household in plain county, the high proportion of households economic income in agricultural cultivation is a key poverty-causing factor for rural households in mountainous counties, while in Hill county, poverty household stem from the dependence of household economic income on the high proportion of agricultural cultivation and the transfer income for poverty

alleviation, and the further of the distance to township, the stronger for causing to poverty.

(5) The mechanism of poverty alleviation for farmers in traditional agricultural areas, and the path of rural revitalization has been explored through constructing a multi-scale model of "household-village" and "household-county" based on multidimensional poverty survey data and multi-layer linear model. We found that: ①Poverty-stricken households have sufficient labor, and migrant workers are the main reason for their income increase and poverty alleviation; ② Skill training is more conducive to stimulating the endogenous motivation of farmers than financial assistance, which can promote stable income growth and sustained poverty alleviation; ③The cultivated land area, county topography and per capita GDP affect the poverty alleviation effect by acting on the choice of rural outdoor workers, which shows that farmers' poverty alleviation is the result of the interaction between their internal motivation and external comprehensive environment.

(6) the rural revitalization path has been carried out based on the functional orientation of agricultural areas through the evaluation of urban-rural integration and regional type division. We found: ①the county-level urban-rural integration in Henan Province can be divided into four types of urban-rural integration: modern agricultural development, fixed-asset investment, economic and public service development, and resident economic income. ②Economic development is the core driving force for the integration of urban and rural areas in Henan Province, the rural fixed asset investment and urban-rural living standards is an important effect factors for improving county-level urban-rural integration. ③The rural revitalization path choice must be based on the regional specificity and functional orientation. The rural revitalization of Henan Province should take the agricultural

modernization development, the integration of tertiary production, the development of new urbanization, and the construction of community unit as the leading path, activate the rural elements, enhance the structural functions, and realize the stable and sustainable development of the rural regional system.

The above results of this report have certain enlightenment and reference value for rural poverty research, rural revitalization development, precision poverty alleviation practice and rural policy innovation.

Keywords: Agricultural Area; Rural Poverty; Rural Revitalization; Henan Province

目　录

图目录

表目录

第一章
绪论

第一节 研究背景

一 城乡发展不均衡，乡村贫困阻碍城乡融合发展

改革开放以来，中国农村发展成效斐然，整体发展水平明显提升。但总体上看，城乡发展不均衡及乡村之间发展的地区差异非常突出（Long et al.，2010），且城乡差距仍呈逐渐拉大趋势。统筹城乡发展、实现城乡协调与一体化的呼声越来越高。21世纪以来，我国农业和农村发展政策进入新的转型期，党的十六届三中全会《关于完善社会主义市场经济体制若干问题的决定》提出要统筹城乡发展和区域发展，并将统筹城乡发展放在了"五个统筹"最为突出的位置；党的十六届五中全会提出要扎实推进社会主义新农村建设；2003年以来的中央"一号文件"持续关注农业和农村发展（刘彦随等，2017）。党的十八届五中全会明确提出，"到2020年我国现行标准下农村贫困人口实现脱贫，贫困县全部摘帽，解决区域性整体贫困"。尤其需要注意的是，2020年消除的仅是绝对贫困，相对贫困问题依然会长期存在。2020年

后，中国的农村进入一个以区域与城乡收入差异、社会公共服务获取不平等、多维贫困等为主要特征的相对贫困阶段。

农村贫困作为乡村地域系统发展演化过程中农民主体、自然本底、社会经济相互之间及其内部组分关系失调所引起的一种复杂社会现象，本质上是区域与城乡系统中乡村地域人地关系出现矛盾冲突、产生不良结果的一种体现，是农村地区人地关系失衡的一种外在表现，是区域发展主体能力、自然资源禀赋、社会经济水平不相协调的结果（刘彦随等，2016）。中国政府积极推行农村减贫政策与实践，新中国成立以来，先后通过救济式扶贫、体制改革促进扶贫、开发式扶贫、八七扶贫攻坚、整村推进和精准扶贫等措施，基本打破了农村贫困的"循环累积"态势，消除了收入型绝对贫困。但是，以区域与城乡收入差异、公共服务不均等、多维贫困等为主要特征的相对贫困问题仍不容忽视，是新时期促进城乡协调与一体化发展、实现城乡融合与乡村振兴的核心障碍。面向农业农村现代化发展的需要，乡村振兴成为新时期"三农"工作的抓手，这也需要因地制宜、分类精准施策。因此，针对贫困地区，基于区域贫困特征、格局及机理研究，进行乡村振兴路径探索，对新时期扶贫开发政策的制定具有重要的指导意义。

二 种粮增产不增收，农区贫困特征有待系统挖掘

河南省地处中国中东部和黄河中下游地区，是中国典型传统农区和商品粮生产基地，其 2014 年粮食产量达 1154 亿 kg，比 2013 年增产了 11.7 亿 kg，并实现粮食总产量从 2004 年到 2014 年的 11 连增。河南省粮食总产量自 2000 年来，总体保持连增趋势，占全国粮食总产量的比重也从 8.87% 增加到 9.53%，是全国最大的粮食生产基地之一，为国家粮食安全做出巨大贡献。就经济发展而言，河南省 2017 年三产比例为 9.6：47.7：42.7，而同期全国三产比例为 4.8：38.9：56.3，河南

省在产业结构上与全国平均水平还差距甚远，表明河南省粮食产量与县级财力之间的"粮财倒挂"现象显著，"高产穷县"必将危及国家粮食安全。

三 区域贫困差异大，农户尺度对比研究关注渐多

农村贫困发生机制和减贫模式具有显著的地域性，地理环境是决定性因素之一，精准帮扶与有效脱贫亟须因地制宜地制定区域政策、分区推进、精准施策。地理环境禀赋不同，直接决定了区域的贫困状况与贫困分布，地理环境因素不仅影响农村贫困发生率，还影响贫困持续性。现有成果证实综合地理环境是农村贫困的决定性因素之一，但政府因地制宜推行区域政策、推进扶贫开发精准化可以在一定程度上减缓贫困（Tanaka et al.，2014）。目前，我国农村贫困凸显新时代特征，农村贫困不再是国家总体落后、制度政策缺失造成的整体"面"上的贫困，而是贫困区域自然环境禀赋相对较差和社会经济禀赋相对落后导致的局部"点"的贫困（刘艳华和徐勇，2015）。农村贫困具有动态性、多维性、地域性以及复杂性，我国农村贫困分布呈"大分散、小集中"的空间格局，仅在贫困县单一尺度上的扶贫政策已不能实现对农村贫困的精准识别。从贫困户、贫困村、贫困县多尺度进行农村贫困识别与测量，有助于探索贫困区域与贫困人口所在地的人地关系、致贫与脱贫机理，强化地理环境要素致贫机制研究，有助于实现人地和谐、区域可持续发展。在脱贫方式上，不同致贫机制下的县域扶贫开发应立足发展阶段性、差异性，精准识别贫困村、贫困户，将扶贫开发与发展县域经济、新型城镇化进程相融合，实行整村推进、靶向治疗。但不同空间尺度下贫困农户脱贫的需求与现实状况相比存在较大的缺口，且不同类别地域贫困农户的需求异化现象较为明显，只有进行基于农户脱贫需求的地域差异性脱贫机理研究和扶贫政策体系构建，才能有效提升精准扶贫成效、促进区域可持续发展。因此，开展多尺度农村贫困探测与识别对

比，有助于精准揭示不同地理环境下农村致贫机理及农户脱贫机理，提升精准扶贫成效，促进区域可持续发展。

第二节 相关进展

一 多维贫困评价

剥夺（Deprivation）概念最初源于19世纪60年代的英国，是指区域居民遭受的收入低下、住房条件差、教育及社会活动机会不足等综合不利境地，其实质是一种相对贫困的度量，用于更广泛地检测地域社会经济问题及其空间分布（Norris，1979；Townsend，1987；Yuan et al.，2008）。区域剥夺状态可以通过收入、教育、住房、工作、健康等指标进行单项或综合定量测度，如果多种剥夺同时存在，则表明该地区居民同时经历多维剥夺（Yuan et al.，2011）。在剥夺的多种维度中，收入低下是社会剥夺的最重要形式，所以收入贫困是剥夺的关键原因（Townsend，1987；Kearns et al.，2000）。然而，贫困也仅为剥夺的一种状态，低收入也并非是无法享有住房及其他资源的决定因素（Logan et al.，1999；Alkire et al.，2010），因此多维剥夺是现有研究重点，需要综合多种指标进行多维剥夺测度。现有多维剥夺测度主要覆盖收入、就业、教育、健康、住房条件5个维度（Belhadj，2011；DETR，1998），公共设施配置、犯罪、居住环境等指标逐步受到关注（Mclennan et al.，2011；Michael et al.，2010）。

剥夺指标和多维剥夺研究对于探测社会剥夺聚集空间、破除发展障碍、引导区域社会发展和提升生活质量至关重要，因此英国、加拿大、西班牙及澳大利亚等发达国家对其进行了长期持续研究，南非、印度、中国等发展中国家也于近年开始了剥夺研究，但仍处于引入阶段（Michael，2010；Pacione，2003；Yuan，et al.，2010）。

社会发展评估、公共服务分布及公共政策效应评价等领域的社会剥夺实证研究，促进了区域研究方法及人口普查数据评价指标的发展（Wong，2006；Yuan and Wu，2014）。现有成果集中于剥夺本质、强度、频率以及城市和农村地区剥夺的空间分布、变化及机理研究。研究表明多重剥夺因去产业化、失业而多集中于内城区域，且工薪阶层、少数民族及迁居至欧洲和北美母语为非英语的移民等较低社会阶层通常与剥夺紧密相关（Ley et al.，2000；Gordon，1995；Bailey et al.，2008）。在形成机制上，经济重构、社会排斥、人口结构变化及居住隔离等因素相互作用，共同引致发达国家的区域剥夺，而体制和政策是导致发展中国家社会剥夺的主要因素（Ley et al.，2000；Noble et al.，2013）。

中国的社会不平等自改革开放以来逐步扩大，相关实证研究集中于社会空间分异、阶层分化、居住迁移、职住分离、城市贫困、公共服务配置及城乡转型等领域（Chen et al.，2006；周春山等，2006；Wu，2008）。直到袁媛等引入剥夺概念，刻画了广州城市综合贫困的空间聚集模式，随后以广州为例建立了基于小尺度人口普查数据的城市多维贫困指标，并探讨了广东省社会发展不平等格局（周春山等，2006；Wu，2008；Yuan and Wu，2013），发现中国城市社会剥夺因政府角色及城市偏向发展政策而具有自身特征。

二　区域贫困机理

区域贫困的地理空间分布呈现了明显的地域差异性特征，地理因素对农村贫困的影响日益受到关注。特殊自然地理环境禀赋和社会经济禀赋的交互作用，使区域形成"贫困空间陷阱"，且地理溢出效应显著（Christiaensen et al.，2013；Liu et al.，2014）。其中自然地理环境禀赋造成区域个体的相似性，是导致贫困集聚和空间相关的客观原因，也是导致区域内部贫困空间集聚的重要原因。自然灾害危险度越高、生态环境越脆弱的区域贫困发生率越高，两者呈现高度的空间耦合。不同尺度下的地理环境内涵有所差异。在县域层面，地理环境内涵包括气候、资源、区位及交通、基础设施等因素；在村域层面，地理环境内涵包括村域的地貌类型、地域通达性、民族特征以及资源条件。相比平原村和丘陵村，山区村自然条件更恶劣，面临的气象灾害和地质灾害更多、更严重，山区村农户的耕地资源量少质差，农产品的产量及商品化率相对较低，非农创收能力相对较弱，因此山区村农户的贫困持续时间更长，退出贫困的概率显著低于平原和丘陵村农户。民族村与山区村相似，距离市场较远的农户创收能力相对较差，更容易陷入持久性贫困（Li et al.，2015；霍增辉等，2016）。因此，地理环境对农户贫困持续性及脱贫模式有显著影响，扶贫政策应该更多关注贫困农户所在村镇、县域地理环境因素的差异，制定有针对性的区域脱贫政策，分区推进，精准施策。

脱贫模式不同于扶贫模式，"脱"与"扶"一字之差，减贫策略差别巨大（见表1-1）。扶贫模式的核心要义在于"扶"，主要是政府通过政策支持与资源注入解决区域和群体贫困问题；脱贫模式重在"脱"，其主体和中心是由贫困农户构成的贫困群体，贫困农户借助外力提高自身发展能力，以实现稳定脱贫。脱贫模式是一种将贫困农户主导参与、自下而上方法与政府宏观管理、政策及制度支持结合起来的一种减贫模式，与政府主导下外源驱动、自上而下的减贫模式存在显著不同（汪三贵和刘未，2016；刘彦随等，2016；何仁伟等，2017；Sarah et al.，2017）。随着我国减贫瞄准对象已精确到农户，减贫资源配置策略已由"漫灌"向"滴灌"转变（刘永富，2017；刘彦随和李进涛，2017），确立贫困农户在减贫策略中的主体地位，充分发挥其主观能动性和创造性，使其通过自发对接减贫政策、提升生计资本实现稳定脱贫，是当前精准脱贫的重要目标（李小建等，2008；刘宇翔，2015；丁建军和冷志明，2018）。

表 1-1　传统扶贫模式与精准脱贫模式的减贫策略比较

减贫模式	减贫目的	减贫方式	减贫主体	减贫重点	减贫尺度
传统扶贫模式	解决贫困人口基本温饱；关注收入增加	生活救助，财政补贴，基础设施建设	政府及相关部门	扶持生活、生产；重在"输血"	贫困县、集中连片特困地区
精准脱贫模式	关注贫困人口收入和温饱，强调人力资源开发	调动贫困人口主观能动性，推进参与式开发	贫困农户为主，政府、市场、社会共同参与	强调可持续生计，注重贫困农户自身发展能力提升	贫困户、贫困村

消除贫困是人类社会发展的共同目标。国外脱贫理论研究起步较早，形成了罗森斯坦—罗丹的平衡增长模式、罗斯托的经济起飞模式、舒尔茨的促进人力资本形成等经典反贫困理论（Chambers，2008；Basu et al.，2008；Getnet and Anullo，2012；Ruben and Heras，2012）。国家层面的反贫困模式主要有以欧美国家为代表的"社会保障"模式、以巴西和墨西哥为代表的"发展极"模式、以印度为代表的"满足基本需求"模式三种类型（Olivia et al.，2011；Gray and Moseley，2005；Alkire and Foster，2011）。在具体减贫实践中，脱贫模式的阶段性特征差异显著。初级阶段通过制定政策来减少区域性贫困，以交通等基础设施建设、农业生产补贴、农业保险补贴和农业信贷等财税政策支持为主（Sherman，2006；Naschold，2012；Okwi et al.，2007）；随着经济发展和社会进步，发达国家脱贫模式率先开始转变，更倾向于通过就业、教育、医疗和社会福利等手段来解决区域贫困问题，尤其强调公众参与过程，这对促进就业、分配、社会福利、环境生态等可持续发展至关重要。其中，基于农民广泛参与的农民合作脱贫模式对促进贫困农户人力资源发展成效突出，尤其是能够创造就业机会、增加社会凝聚力，有效整合各种社会资源，加强集体行动，为农民带来更多收益，受到广泛关注（Majee and Hoyt，2011；Joannid et al.，2012；Gulen，2013）。

三 乡村振兴相关研究

党的十九大报告提出乡村振兴战略，是基于我国乡村发展全局，站在时代的发展高度，提出的新时期农业农村发展的重要行动指南。乡村振兴战略明确农业、农村、农民问题是关系国计民生的根本性问题（习近平，2017）。乡村振兴战略是党对过去提出的重要农村战略的系统总结和升华，既涵盖了以往各个历史时期党的农村战略思想精华，也顺应国情变化赋予了农村发展（王亚华，2017）。实施乡村振兴战略，需做到"产业兴旺、生态宜居、乡风文明、治理有效、生活富裕"。实施乡村振兴战略要分三步走：第一步，到2020年，乡村振兴的制度框架和政策体系要基本形成，乡村振兴取得重要进展；第二步，到2035年，乡村振兴要取得决定性进展，农业农村现代化要基本实现；第三步，到2050年，乡村全面振兴，全面实现农业强、农村美、农民富，将我国建设成为农业现代化强国（董峻等，2017）。

在工业化、城镇化逐步推进的过程中，西方国家也曾遇到过乡村发展缓慢、滞后的问题，乡村发展问题在西方国家也备受关注。城乡差距历来是德国政府关注的重点，在"人口收缩"与"要素回流"驱动下，基于"资源—网络"耦合模式条件，乡村城镇化传统路径有待补充和更新。德国强调乡村整合性规划及其规划程序，在城乡之间形成良性的资本循环和人口回流，在传统"自上而下"体系之外，重视自上而下的宏观调控与自下而上的公众参与，通过恰当途径培育"自下而上"的乡村发展和规划、投资补充体系（黄璜和杨贵庆，2017）。乡土价值观的重塑是乡村振兴的重要领域。日本强调从立法规范、景观规划、民间组织活动内容形式特征三个角度构建乡土价值观的复兴模式，进而探索城乡统筹发展中乡土社会意识体系的重新构筑（杨希，2017）。基于乡村振兴内涵要求，魏后凯（2018）认为乡村振兴应该推动产业振兴，大力发展现代高效农业，加快转变农业生产方式，优化农业供给结构；优化人居环境，从城乡融合和一体化的视角，大力推进城市基础设施和公共服务向农村延伸；促进乡村文明，加强村风民俗和乡村道德建设；强化乡村治理，加快推进乡村治理法治化，依法保障农民权益；改善农民生活，不断提高农民收入和消费水平。陈炎武（2017）基于乡村振兴与城乡融合发展关系出发，提出要优先发展农村产业，实现新型工业化、信息化、城镇化和农业现代化同步发展，切实做好实施乡村振兴战略的顶层设计，充分发挥市场主体作用，以产业振兴带动乡村振兴，推进城乡融合发展。陈锡文（2017）进一步明确要优先推进农业农村现代化，实施乡村振兴战略，提出要构建现代农业的产业体系、生产体系和经营体系，优化产业结构，延长产业链；要建立健全农业的支持保护体系；要发展多种形式适度规模经营，培育新型农业经营主体；要考虑区域农业自然资源禀赋，科学、充分、高效率开发和利用自然资源，形成农业内部各个部门的协调发展；要合理运用现代化手段，降低农业生产成本，提高效率。

乡村振兴战略实施，需重视不同区域乡村发展的差异性，在粮食安全、产业效益、生态环境建设保护上进行合理选择，因地制宜，不能一刀切（秦中春，2017）。基于地理位置、自然资源禀赋、经济发展水平、村庄治理能力等多维度差异分析，傅国华等（2017）认为少数民族地区要科学识别乡村发展层次，构建层次适配的乡村振兴战略具体对策；蒋志成（2018）以美丽新村综合体为实证研究案例，介绍了成都市幸福美丽新村的振兴途径；刘晓宇（2018）和牟晓磊（2018）分别从特色田园乡村规划和村级土地规划视角，探索不同区域乡村振兴规划策略。基于连片特困地区农户收入实证，赵怡芳（2018）探索了振兴乡村经济、促进农民收入稳定并持续增长的路径，认为要在微观层面着力提升农户技术和经营能力，在中观层面重新布局和规划农业产业，在宏观层面发挥政府在社会资本培育中的作用。基于产业发展视角，朱建江（2017）研究了上海村镇乡村旅游发展对乡村振兴的促进作用；杨腾（2018）认为在乡村振兴背景下，农业合作社应完善运行机制，提升发展水平，壮大经营实力，激活发展潜能，积极走向联合，共创发展前景。乡村振兴具有系统性、长期性、融合性、差异性的战略特性，实施乡村振兴战略，就是要防止农村凋敝，促进城乡共同繁荣。乡村振兴实施过程，需要破解人才短缺、资金不足、农民就业增收难、差别化推进策略和乡村治理五大难题（郭晓明，2018；姜德波，2018；魏后凯，2018）。

四 简要述评

新中国成立以来，尤其是改革开放至 2016 年底，我国农村贫困发生率由 30.7% 降至 2.3%，为世界减贫事业做出了巨大贡献，也为全球减贫事业贡献了"中国智慧"。但是目前，我国农村贫困凸显了新时代特征，贫困人口的"大分散、小集中"格局，尤其农户的"点"贫困分布状态，致使传统的基于经济快速增长及扶贫资源"漫灌"式配置，对改善"点"状贫困农户生存状态的作用逐步失灵。传统的扶贫方式对贫困农户内生性脱贫能力重视不足，忽视农户自身的脱贫政策及资源需求，且自上而下的政府减贫资源配置模式存在贫困人口瞄准精度较低、农户参与程度不高、扶贫资金使用效率有待提升、资源配置分散且公正性受到质疑等问题，亟须创新当前农村脱贫模式，以满足贫困人口对脱贫资源差异化需求，提升减贫政策适应性和使用效率。此外，地理环境对农村贫困发生呈现的系统影响整体性、路径方向多样性以及作用机制复杂性特征仍未明晰。

现有研究仅从宏观角度入手，对农村贫困的理论和对策进行研究是不够的，应该在此基础上从中微观角度出发，综合农户、村庄、县域多个尺度，根据不同区域的自然地理环境、生产条件、人口特征等综合地理环境要素结构，进行有针对性的机理探究，这是精准识别区域致贫根源，构建精准扶贫、减贫措施的关键所在，也是基于包括农区在内特定区域乡村振兴模式探索的核心出路所在。因此，以河南省为例，探讨农区乡村贫困特征、格局、机理及乡村振兴路径，对拓展农区贫困的致贫与脱贫机理研究，并借此进行乡村振兴路径探索，具有重要的理论与实践意义。

第三节　研究方案

一　研究区域

河南省地处中国中东部和黄河中下游地区，东邻安徽、山东，南接湖北，西临陕西，北依山西、河北。河南省地貌类型较为齐全，以山地、丘陵、平原、盆地为主，中东部为黄淮冲积平原，西南有南阳盆地，两者占河南总面积超过 60%，豫西、豫南地区以山地和丘陵地貌为主。河南省是我国重要的粮食主产区，但经济发展总体较为落后，致使河南省是我国农村贫困人口的重要聚集地。截至 2018 年 4 月底，河南省还有贫困县 50 个，其中国家连片特困地区重点县 25 个，国家扶贫开发工作重点县 11 个，省定扶贫开发工作重点县 14 个，共计农村贫困人口 221 万人，要实现 2020 年脱贫攻坚目标，需要政府、学界和社会各方共同努力。因此以河南省为研究区域，对其农区、贫困区域特征进行系统研究具有重要的实践价值（见图 1-1）。

为了更加清晰地分析和对比不同地貌类型农户致贫的主导影响因素及作用机制，本书根据样本县地貌类型差异，将 8 个样本县分为平原县（郸城县、太康县、民权县、上蔡县）、丘陵县（洛宁县、鲁山县）和山地县（淅川县、新县）三种类型，进行全样本及不同地貌类型县之间的农户致贫因素及致贫机理比较研究。

图 1-1　研究区域

注：根据河南省标准地图［审图号：豫 S（2019 年）013 号］绘制而成，底图无修改，图内境界不作实地划界依据，下同。

二　研究内容

围绕农区乡村贫困特征及其机理与乡村振兴路径，本书重点开展如下方面的研究，研究框架如图 1-2 所示。

第一，基于"三农四化五建设"逻辑梳理，以乡村振兴路径探索为目标，构建新时期农村发展问题研究体系。分别从纵向和横向视角出发，探索中国农村发展问题的逻辑起点、问题抓手、发展目标及实践途

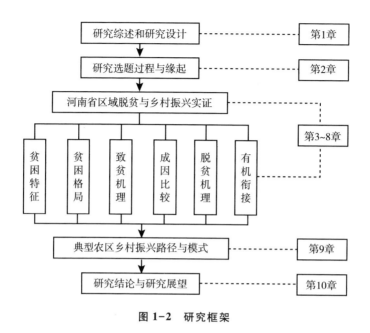

图1-2 研究框架

径，重构新时期中国农村发展问题体系。

第二，河南省区域贫困多尺度特征研究。基于8个样本县数据分析，从县域和农户两个尺度分别研究河南省贫困县空间分布特征及动态变化，并进行平原、丘陵和山地不同地理环境类型县贫困特征对比。

第三，河南省区域贫困格局动态演化研究。构建城乡多维贫困评价体系，基于全国第五次和第六次人口普查数据，进行河南省县域贫困格局研究和对比，并结合河南省粮食生产的十余年连增态势，探索农区贫困演化机理。

第四，不同地理环境下农户致贫与脱贫机理研究。在河南省区域贫困多尺度特征及空间格局动态研究的基础上，分别构建多层模型，进行农区农户致贫与脱贫影响因素及形成机理的综合研究，为探索农区特色脱贫及乡村振兴奠定基础。

第五，不同地理环境下致贫因素差异及脱贫攻坚与乡村振兴有机衔接研究。以大别山区的新县和黄土高原地区的延长县为例，综合运用空间自相关和地理探测器等方法，解析不同地理环境下致贫因素及机制差异；利用河南省53个贫困县发布的乡村振兴新闻，挖掘脱贫攻坚与乡村振兴有机衔接的关键信息，进行不同地区乡村振兴发展阶段识别与判断。

第六，典型农区乡村振兴路径探索。一是基于河南省农户脱贫机理研究，构建农区乡村振兴路径体系；二是基于河南省县域城乡等值化水平及地域类型，进行差异化乡村振兴路径构建。

本书基于河南省区域贫困的实证研究，形成对我国典型农区贫困特征、格局演变、致贫与脱贫机理及乡村振兴路径的综合认识，以期为政府决策、地方实践、学界同行研究提供有益参考。

三 研究方法

1.人文实证调查分析法

沿"农区—县—乡镇—村域—农户"尺度下沉，对平原、丘陵、山地不同类型的典型县域政府部门、典型村的干部（包括扶贫驻村干部和工作队）、贫困农户、脱贫农户和帮扶责任人等不同农村群体进行广泛的座谈、深入访谈和多类型问卷调研，为开展传统农区农户致贫与脱贫机理及乡村振兴路径探索研究提供第一手研究资料。

2.定量研究与定性研究相结合的方法

传统农区的区域贫困有其复杂的、系统的演化过程，涉及诸多影响因素。其中有些因素更适宜通过定性的方式加以阐释，如制度政策、传统风俗、思想观念等；而对于能进行定量分析的问题，则尽量采取定量与定性相结合的研究方法，确保研究结果的科学性与精确性。本书所涉及的定量研究方法包括综合评价方法、GIS空间分析方法、多层模型分析方法等。

3. 学科交叉与专家决策支持方法

本书基于实地调查数据和资料收集，通过专家咨询与研讨，综合运用地理学、经济学、社会学等多学科知识，应用跨学科综合研究方法和决策分析方法对传统农区贫困区域形成、空间格局演化、农户致贫与脱贫机理进行客观评判、综合分析，科学提炼和探索河南省不同地域类型区域的乡村振兴路径。

第二章
研究缘起： 新时期我国乡村发展 问题研究体系重构

改革开放以来，我国农业农村发展取得举世瞩目的成就，但转型时期我国农村发展交织着不同领域、不同层次、不同类型的矛盾，问题复杂、头绪繁多，农村问题成为关乎社会根基的基本问题。因此，开展农村土地制度、基础设施、农业发展支持系统、农民工市民化研究，既是加强转型时期中国农村发展问题成因研究的基础，更是寻求解决农村发展问题的途径。本章分析农村发展影响要素，凝练转型期中国农村发展中的科学问题、问题成因及研究方向，从而形成转型时期中国农村发展问题研究体系。

改革开放以来，我国经济迅猛发展，工业化、城镇化迅速推进，农业农村发展取得举世瞩目的成就。然而，受城乡二元体制、城乡发展差距、城乡政策倾斜等因素影响，农村问题成为关乎社会根基的基本问题。转型时期我国农村发展交织着不同领域、不同层次、不同类型的矛盾，问题复杂、头绪繁多，就事论事或陷于宏观不清、方向不明，不利于宏观架构及微观机理的明晰。因此，本章以中国特色社会主义建设百年奋斗目标为导向，分析农村发展影响要素，凝练转型期中国农村发展中的科学问题、问题成因及研究方向，从而形成转型时期中国农村发展问题研究体系，对农村问题的研究和解决具有一定的实践意义。

第一节 "三农四化五建设"的理论内涵及逻辑关联

一 "三农"问题

"三农"问题即农业、农村、农民问题的简称。其中，农业问题主要是指在农业生产中缺乏专业化分工导致生产低效率、缺乏竞争力，缺乏有效生产要素投入、发展后劲不足，农产品结构与市场结构不相适应、市场拉力不足三个方面。另外，生态环境恶化、基础设施落后、抗灾能力不强及科技推广体系不健全也是制约农业发展的现存问题。农民问题是指收入增长缓慢导致城乡收入差距日益扩大，经济利益得不到有效维护（农产品价格被动、土地等生产要素被动转移、不能分享增值权益），以及农民平等权益得不到保障等。农村问题是指农村经济、文化、社会及乡村面貌落后。

"三农"问题概念最早由温铁军于1996年提出，而后在学术研究、政府文件和社会上越来越多地被广泛使用（贾俊民和葛文光，2013）。2000年李昌平在给总理信中推广了"三农"概念。2001年，"三农"问题的提法成为官方和理论界的研究术语，并于2003年被正式写入政府工作报告，成为"全党工作重中之重"。2008年的《中共中央关于推进农村改革发展若干重大问题的决定》又将"三农"问题定位为中国改革的焦点。"三农"问题理论研究集中在经济学、管理学、政治学、地理学等领域，成果丰富，但多以农村、农民、农业或单个因素如粮食研究为主，系统综合研究有待深入。

二 "四化"

"四化"即"新四化"，指党的十八大报告提出的"新型工业化、信息化、城镇化和农业现代化"，是实现中国现代化的基本途径，"新四化"相互联系、相互促进。工业化制造供给、城镇化制造需求，带动和装备农业现代化，农业现代化为工业化、城镇化提供支撑保障，信息化推动工业化、城镇化和农业现代化发展。"四化"同步是解决"三农"问题、实现城乡一体化的根本途径。

"四化"最早提出于1954年的第一届全国人民代表大会上，是在"实现工业、农业、交通运输业和国防现代化"中被提出来的。在1964年的第三次全国人民代表大会上，又变更为"现代工业、现代农业、现代国防、现代科学技术"四个现代化。党的十八大报告中"新四化"的提出，主要依据有：农村剩余农业人口需要工业化消化；传统工业需要信息化提升效率，增强竞争力；城市化容纳参与工业化人口，促进农民工市民化；农产品通过农业现代化提升品质和质量，增加农民收入，从小康阶段迈向富裕阶段。工业化、信息化、城镇化及农业现代化研究取得丰富成果。

三 "五建设"

"五建设"，即政治建设、经济建设、文化建设、社会建设和生态文明建设，是党的十八大报告中提出的中国特色社会主义建设的总体布局，又称"五位一体"。该布局不仅具有丰富的理论内涵，而且还是一个有机联系的整体。中国特色社会主义建设要在生态文明建设的基础上，依托社会建设的条件，坚持经济建设的根本，以文化建设为灵魂，以政治建设为保证。只有坚持五位一体建设全面推进、协调发展，才能从经济、政治、文化、社会、生态文明等多个方面把我国建设成为富强民主文明和谐的社会主义现代化国家。"五建设"具有既是发展手段又是发展目标的双重特性。

五位一体的理论构建是一个逐步完善的过程。从党的十六大的政治、经济、文化三位一体建设目标，经党的十七大、十八大逐渐形成了五位一体的中国特色社会主义总体布局。五位一体建设既是社会发展的目标格局，也是一个长期奋斗的手段和过程，它的实现需要经济、政治、文化、社会、生态文明建设取得充分发展。

四　"三农四化五建设"的逻辑关联

1996 年是我国农业发展里程碑，农业生产由供不应求，过渡到供求平衡、丰年有余的阶段，但农业生产开始受到自然条件和市场环境的双重制约，农业生产和农村进入新的发展时期。在 20 世纪末期，随着生产资源分配的城市倾斜及小农生产与市场经济之间的矛盾加剧，中国农村出现局部繁荣与政治、经济和社会危机并存状态，农村、农业、农民问题成为动摇社会根基的基本问题。为此，工业化、信息化、城市化、农业现代化的提出正是为了解决"三农"问题、探索"三农"问题的路径。从党的十六大到十八大，五个建设的完善也正是对中国特色社会主义目标逐步清晰和完善的过程。

综上所述，在"三农四化五建设"的逻辑体系中，"三农"是基础问题，"四化"是解决问题的途径，"五建设"既是引导问题解决的手段，又是问题解决的理想目标，具有目标与手段二重性。"三农四化五建设"是一个有机、完整的理论体系，其构建具有逐层递进、健全完善的特征，也是中国特色社会主义建设中发现问题、分析并利用规律解决问题的过程（见图 2-1）。

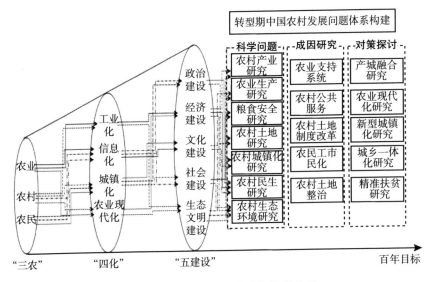

图 2-1 "三农四化五建设"逻辑关系

第二节 新时期中国乡村发展科学问题

以改革开放和家庭联产承包责任制的实施为主要标志，农村开始进入快速变化的转型时期（刘彦随和刘玉，2010；王祯，2003）。在市场经济条件下，农村劳动力从土地中得以解放出来，参与到社会建设的各个方面。经过 40 多年的发展，农村社会取得了瞩目的成就，然而城镇化进程持续聚集和吸纳农村地区的土地、人力、资金等资源，导致耕地撂荒、农业及农村发展滞后，乡村衰落。在乡城"推拉机制"的影响下，农村劳动力持续析出，削弱了其经济社会发展能力，从而使乡村地区逐渐衰落，城乡发展差距拉大，形成发展关系上的"马太效应"。农村各种矛盾渐渐凸显，涉及农村城镇化、农村产业、农村土地、农业生产、粮食安全、农村民生、农村生态环境等多领域深层次的问题（见图 2-2）。

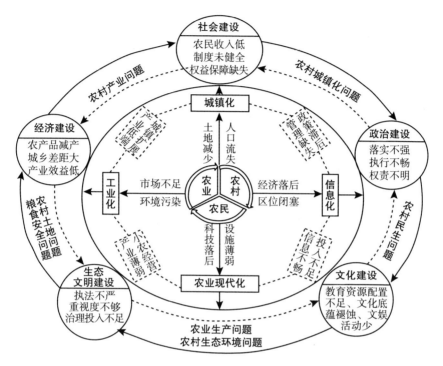

图 2-2 农村发展科学问题机理

一 农村城镇化问题

当前城镇土地城镇化快于人口城镇化，同时产业基础薄弱伴生资源浪费，进城农民收入低，无法在城市居住，"城乡双漂""半城市化"特征突出（刘彦随和刘玉，2010；刘彦随、严镔和王艳飞，2016）。户籍限制与城市建设用地规模的扩张对人口城镇化"吸纳效应"有限，使得人口城镇化滞后于土地城镇化的发展（李子联，2013）。政府政策滞后及相应领域的管理缺失造成了建设用地的低效利用与资源浪费，人口集聚跟不上产业集聚进而导致产业基础发展缓慢。当前，在市场经济引力下，国内人口空间迁移指向以大城市和特大城市为主，而大城市和特大城市市民化成本偏高，致使农民工难以完全融入城市（见图2-3）。农村城镇化问题主要研究方向包括农村城镇化质量、效益评估研究，农村城镇化演进、格局、机理研究，半城市化特征、解决策略研究等。

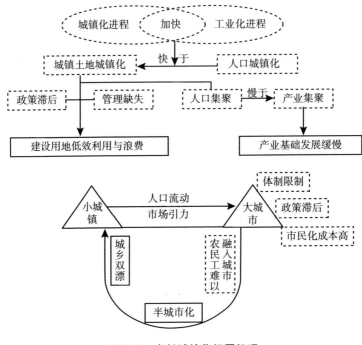

图2-3 农村城镇化问题机理

二 农村产业问题

中国农业以小农经营为主，农村产业基础薄弱，致使其市场化、产业化、规模化不足。农业发展方向选择偏差及农业区域布局存在着"小而全""大而全"的现象，区域特色无法突出；农村第二产业发展与城市产业雷同，农村工业化发展受挫（郑秀峰，2016）。农村产业化水平较低，第一、第二产业比重较大，而第三产业比重小，创造的就业岗位及就业机会并不能够满足农村大量劳动力的就业需求，造成劳动力、资金等要素向城市流动，从而削弱了农村地区经济发展，进而拉大了城乡发展差距。在我国新一轮的产业结构调整中，农村产业由于自身结构特征、发展水平、技术水平、资金支持、管理能力等方面的缺陷，不能及时实现自身结构调整，产业发展前景堪忧。农村产业问题主要研究方向包括区域特色农业过程、机理研究，县域经济研究，农业产业化研究等。

三 农村土地问题

农村土地问题，主要存在于土地的利用方式及状态、土地征占补偿、储备耕地以及土地生态质量等方面。农业经营成本的提升，使得农村土地收益逐渐降低，甚至不能维持生计，经济收益不足，仅存社保功能，因而部分农村地区土地进入大面积抛荒或低效利用时代。随着城市化、工业化的推进，耕地被大量占用并转化为建设用地，造成耕地非农化加剧。虽然我国耕地实行占补平衡等制度，但在实施过程中存在的如占优补劣等问题损害了农民的利益。农村土地经济功能弱化、社保功能突出，成为农民最基本的生存保障。另外，一些农村保有耕地质量不高且因空间位置偏僻、面积较小，开发成本较大，后备资源开发生态风险增加，同时农村水土环境污损与土地退化严重（刘彦随、严镔和王艳飞，2016；乔陆印和刘彦随，2016）。因此，农村土地问题是农村发展中的一个重要研究领域，主要研究方向包括土地征收、补偿制度探索，土地使用权流转研究，耕地保护研究，区域土地利用动态格局及土地利用效率研究，粮食安全与土地利用研究等（见图 2-4）。

四 农业生产问题

当前我国农业生产仍以分散化小农经营为主，使得农业生产在投入、经营、服务、产品市场化等方面存在问题较多。农业生产资金投入不足导致农业生产机械配置、科技服务，电力及农业配置整体供给水平不高，同时农业生产过程中产生的水土污损也并未得到科学合理的解

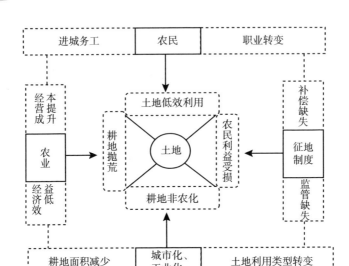

图 2-4　农村土地问题机理

决。此外因对农业科技推广重视不够以及农业人员的文化素质较低，农业抗灾减灾能力弱。上述问题相互交织进而导致农业生产效率和效益低下，农民的人均产值、农业附加值及农业收入较低等农业生产问题突出。农业生产问题主要研究方向包括农业生产要素系统研究、农业生产支撑系统研究、农业生产组织系统研究、农业生产经营模式研究等。

五　粮食安全问题

粮食安全问题主要体现在两个方面，即粮食产量方面和粮食质量方面。传统的农业种植结构及耕作水平使得农业市场化和规模化不足、粮食作物与经济作物矛盾突出。同时，快速的城镇化占用耕地、转移并吸纳农村人力和资金等资源，导致农业生产效率、生产效益低下，以粮食为主的农产品产量锐减，粮食主产区、农作物种植类型无序变化，加剧了粮食产量的不稳定性。农村工业化、城镇化以及现代农药的施用造成农村水土污染、土地质量下降，严重影响农村粮食质量，使得粮食安全问题愈加突出。粮食生产产量和质量的不确定，催生粮食安全问题。粮食安全问题主要研究方向包括粮食产量变化动态研究，粮食主产区、粮食主销区格局变化研究，粮食安全机理研究及粮食生产制度探索等。

六　农村民生问题

我国农民数量多、地区分布及组织散、能力弱、经济来源少、收入低、负担重。在农村城镇化、工业化中，一方面农村各种生产要素被剥夺，农产品价格受压榨；另一方面农民在就业、教育、文娱、社保、土地增值收益上都处于弱势，导致我国农民教育观念落后，权利意识、法律意识薄弱，收入低下、经济利益得不到有效维护，权利无保障、社会生活质量低。农村贫困是统筹城乡发展、实现城乡一体化面临的重大社会问题和现实难题。目前长期影响我国农村发展的自然环境和经济约束依然存在，乡村地区深度贫困化仍旧突出。乡村贫困化是城乡地域不平衡、不充分发展，导致特定区域乡村要素短缺、结构失调、能力衰弱的自然—经济—技术退化过程（刘彦随，2018）。根据2014年"建档立卡"数据，全国有832个贫困县12.8万个贫困村共7017万贫困人口，到2016年底，仍有贫困人口4335万。农村贫困面广、量大、程度深是乡村可持续发展的最大短板，实施精准扶贫、脱贫攻坚成为新时代贫困乡村振兴的首要任务。乡村贫困是当前农村最主要的民生问题，主要研究方向包括不同地理环境下乡村贫困机理研究、土地工程与乡村振兴研究、民生问题评价及其产生机理研究、城市化中的民生格局与民生保障研究、城乡生活质量及幸福感研究等。

七　农村生态环境问题

农村生态环境问题是伴随着工业化、城镇化而产生的，快速的工业化、城镇化导致农村水土污损、生态破坏、环境污染情况愈加严重，是"乡村病"日趋严峻的重要体现。城市、工业污染排放造成一些乡村地区水土环境恶化，致使河流、湖泊、农田污染事件频发，乡村环境综合治理势在必行（刘彦随，2018）。在农村工业化过程中产业配置低端、空间分布不合理、监管机制不完善，造成农村资源浪费与环境污染并存。农药化肥广泛应用以及农业生产、农村生活垃圾缺乏统一的收集管理与处理，更加重了农村生态环境问题。同时由于管理责任不明、执法不严、推诿包庇，环境保护与污染整治滞后，农村环境污染得不到有效遏制。农村生态环境问题的主要研究方向包括环境质量评估、空间格局、演化及机理研究，食品安全问题研究，区域生态格局变化研究，生态环境变化机理实证研究等。

第三节　新时期中国乡村发展问题成因分析

转型时期中国农村发展出现了农村城镇化、农村产业、农村土地、农业生产、粮食安全、农村民生、农村生态环境等多领域深层次的问题，而这些问题的出现与农村土地制度、基础设施、农业发展支持系统、农民工市民化等成因紧密相连（见图2-5）。加强转型时期中国农村发展问题成因研究，以期找到问题发生的深层要素，更好解决农村发展的问题。

一　农村土地制度改革

中国农村目前小农经济的分散经营与市场经济不相适应，制约了农业规模化、科技化、市场化发展，不能构建优质高效、健全的生产体系，是农业经营效益低下的重要原因。当前，我国农村土地制度存在产权制度与体制尚不健全、土地管理机制尚不完善、农村土地资产属性尚未凸显等问题（刘彦随，2011）。针对这些问题，应以农村土地制度改革为研究中心，探索适用于我国的土地利用机制、土地综合整治体系、土地利用模式及土地制度政策，以期从制度改革方面提高土地利用效

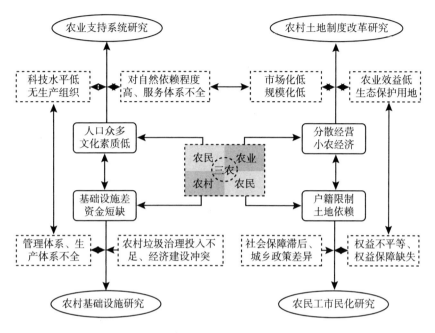

图 2-5　农村发展问题成因研究体系

率，节约土地资源，促进农业生产规模化、市场化、科技化，进而增加农民收入，切实改善农民生活，缩小城乡发展差距，形成城乡良性互动关系。农村土地制度改革研究主要包括农村土地经营权流转、县域尺度城乡建设用地转型、探索农村土地分类型改革、农村宅基地退出制度研究等。

二　农民工市民化

市场经济下农民进城务工，进而实现农民工市民化，此进程中出现了诸多问题。首先，在户籍制度限制下，农村居民在城市生活中处于被歧视地位，难以享有与城市居民同等的社会服务与保障。其次，城镇化过程中社会保障滞后、城乡居民间的社会保障范围及水平差异突出，导致进城务工农民的权益不平等、利益没保障。当前，由于城市吸纳农村劳动力能力不足和农村土地转化成本高，农民工市民化进程受到阻碍。最后，从政策和制度层面看，解决"半城市化"问题的首要目标就是解决农村流动人口的不完全市民权问题，使他们进入城市主流社会，而不至于被边缘化（王春光，2009；周晓唯和魏昭君，2011）。加强农民工市民化研究，以期缩小城乡居民社会保障差异，保障农民工在城市的完整平等权益，使其更好地融入城市社会。农民工市民化研究包括半城市化评价、格局及形成机理研究，市民化体制机制创新研究等。

三 农村基础设施

农村基础设施包括农村生产和生活设施，是发展农村产业、提高农村生产力、改善农村生活质量的必备硬件条件。当前，我国农村基础设施历史欠账多、投入不足，导致信息化设施缺失，生活生产服务体系、科技服务体系不健全，农村经济效益低，严重制约农业现代化和城乡融合发展。农村生活设施的缺乏或条件差，垃圾处理、污水排放不合理，生态保护及环境治理投入不足，对农业发展支持不够等问题制约了现代农业向产业化、市场化、集约化发展。农村基础设施研究包括农业基础设施供给模式及演进机制研究、区域农业基础设施评价及格局研究、农业基础设施与农业发展耦合关系研究等。

四 农业支持系统

人是农业发展的主体因素，我国农民人口多、受教育程度低、缺乏组织，是农业现代化发展的最大障碍。现代化农业本质上是依靠科技支撑的可持续农业（徐超，2007；徐星明和万江，2000），农村人口素质至关重要，是农业支持系统的核心要素。目前我国农业生产基础设施配置不足，信息化设施缺失，农业生产服务体系、科技管理体系不健全，使得农业生产科技水平、经济效益低，服务体系不完善，抗灾减灾能力弱，对自然条件依赖程度高。农业支持系统研究主要包括农业生产科技支撑评价研究、农业支持系统空间格局及形成机理研究、农业生产社会组织格局研究、农业发展支撑系统模式研究等。

第四节　新时期中国乡村发展问题对策研究

转型时期中国农村发展涉及多个领域，在这些领域中农村的城镇化问题、产业问题、民生问题、生产问题、生态环境问题、土地问题、粮食安全问题等不同层次、不同类型的矛盾相互交织。新时期农村繁杂问题的解决，不仅需要"四化"的解决途径，更需要全方位、多角度、深层次、精细化地对这些问题加以考察，以问题为导向，从农业现代化、产城融合、城乡一体化、新型城镇化等角度系统地探索转型时期中国农村发展问题对策研究体系（见图2-6）。

一　农业现代化

农业现代化是现代集约化农业和高度商品化农业相统一的发展过程。我国实现农业现代化有两个前提：首先，要实现农业生产规模化、产业化、市场化经营，构建农业产品结构合理格局；其次，要在小农户家庭基础上实施农业现代化（徐星明和杨万江，2000；牛若峰，2001）。因此要在不改变农户承包经营的前提下，广泛推广农业科技、完善农业生产装备、提升技术层次、增加农业生产要素投入、健全生产服务体系、提升农民素质，促进我国农业向现代化发展，以保障粮食安全、提升农民收益、改善农民生活。新时期农业现代化研究主要包括区域农业现代化水平评价、格局、机理研究，农业生产基础设施条件研究，农业现代化支持系统研究，农业现代化与县域经济耦合研究等。

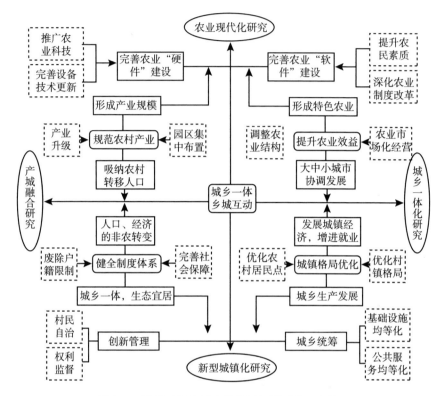

图 2-6 转型时期中国农村发展问题对策研究体系

二 产城融合

城市化与产业化要有对应的匹配度，不能一快一慢，脱节分离（李文彬和陈浩，2012）。针对我国农村城镇化问题、农村产业发展问题和城乡双漂等问题，增强对产业发展与城市发展融合研究、增强城市发展动力、拓展城市对流动人口的吸纳融合显得非常重要。首先，需要规范农村产业格局，合理布置产业园区，实现产业园区集中分布。在此基础上改造传统农村产业，优化并升级产业结构，实现产业园区化、市场化。产业发展要创造就业岗位、增加就业机会，达到持续吸纳农村转移人口、增加农民收入的目的。其次，在发展农村产业促进就业的同时也应当完善各项社会保障制度及配套产业服务，并提倡节能环保，实现人、地、业的统一，实现可持续发展。新时期产城融合研究主要包括产城融合模式、评价、格局及机理研究等。

三 城乡一体化

城乡一体化是城乡融合和等值化发展的必要途径。自 2002 年"城乡统筹"概念被提出以来，在大量的实践过程中，往往表现出"以城统乡"的特征，产生了大量的失地农民，形成了半城市化形态，进一步加剧了农村问题（顾朝林和李阿琳，2013）。当前，农村居民点分散，乱占土地造成资源浪费，难以共享公共基础服务设施，因此提升城乡一体化水平、加强解决"三农"问题被学者广泛研究。村镇建设方面，应合理布置农村居民点，健全基础设施建设，完善公共服务配套，优化村镇格局。农业发展方面，应发展特色产业，延长产业链条，促进农业市场化、规模化经营，以此提升农业经济效益、解决转移人口就业、提高农民收益，与此同时应推广生态保护和节约集约发展，实现农业绿色可持续发展。我国农民人口多且受教育程度低，要大力发展农民教育培训，文化教育与职业教育并行，使农民在城乡一体化中更大地发挥自己的力量。城乡一体化研究主要包括城乡一体化测度、格局及机理研究，城镇格局优化研究，特色产业发展模式研究，公共服务、经济、生态一体化识别与机制研究等（见图 2-7）。

四 新型城镇化

城乡二元体制下，农民地位不高，农业生产要素流失且资源配置低下，影响农业农村发展，城乡差距拉大。城镇化的推进促使大量生产要素向行政级别较高的中心城市聚集，导致中、小城镇发展相对缓

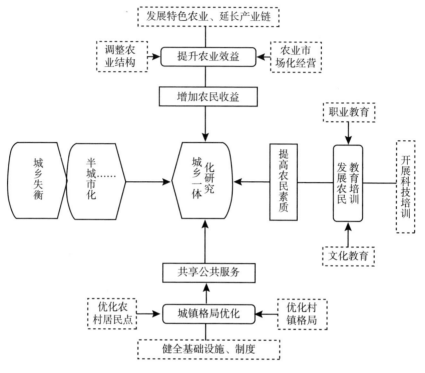

图 2-7　城乡一体化研究对策体系

慢、地域功能发展不完善，对农村腹地和区域经济发展的牵引、辐射和带动能力有限（龙花楼、屠爽爽和戈大专，2016）。在新型城镇化过程中，应协调不同规模等级的城市发展，完善城镇规划体系，科学规划城镇发展，优化城镇空间格局。"四化""五建设"中应当废除户籍限制，剥离户口福利附加，以人为核心，健全城乡均等化公共服务制度。在农村管理方面，应创新管理体制，实现村民集体讨论、自主自治、约束权力，使村民积极投身村镇建设。新时期新型城镇化是乡村振兴的核心途径。新型城镇化研究主要包括新型城镇格局空间优化研究，城乡公共服务配置模式研究，新型城镇化测度、机理研究，城乡治理研究等。

第五节　新时期中国乡村发展问题研究体系

在中国特色社会主义建设的新时期，随着城乡融合和乡村振兴的提出，"三农"问题是乡村发展的基础问题，"四化"是解决问题的途径，"五建设"是引导问题解决的手段，城乡融合和乡村振兴是问题解决的理想目标。转型时期，随着生产资源分配的城市倾斜及小农生产与市场经济之间的矛盾加剧，中国农村出现局部繁荣与政治、经济和社会危机并存状态，农村、农业、农民问题成为动摇社会根基的基本问题。工业化、信息化、城市化、农业现代化的提出正是为了探索解决"三农"问题的路径。中国特色社会主义建设的总体布局，从党的十六大的经济、政治、文化三位一体，逐步扩展到党的十八大的经济、政治、文化、社会、生态文明五位一体。在此总体布局中，要在生态文明建设的基础上，依托社会建设的条件，坚持经济建设的根本，以文化建设为灵魂，政治建设提供保证，推动中国特色社会主义建设，因而"五建设"既是目标又是手段。

基于社会经济综合转型时期中国乡村发展问题视角，城镇化进程加速农村人口在城镇的聚集，城镇持续聚集和吸纳农村地区的土地、人力、资金等资源，导致耕地撂荒，农业及农村发展滞后，乡村衰落，催生了农村在城镇化进程中的"乡村病"等乡村发展问题；农业生产要素的快速流失，加剧了在农业发展中的粮食安全、农村产业、村庄空心化等问题；转型时期中国农村发展出现的农村城镇化、农村产业、农村土地、农业生产、粮食安全、农村民生、农村生态环境等多领域深层次问题，其解决需要通过工业化、城镇化、农业现代化、信息化这些途径。围绕"四化"进行农村土地制度、基础设施、农业发展支持系统、农民工市民化研究，既是加强转型时期中国农村发展问题成因研究的基础，更是寻求解决农村发展问题的途径。党的十八大报告中提出的中国特色社会主义建设的"五位一体"总体布局，围绕政治建设、经济建设、文化建设、社会建设和生态文明建设，加强农业现代化、产城融合、城乡一体、新型城镇化研究为转型时期中国农村发展问题的解决提供了手段。党的十九大报告中提出的乡村振兴战略，为中国乡村发展提供了目标。

基于地理学理论视角的"三农、四化、五建设"的系统思考，本章以矛盾纾解为导向，将转型时期中国农村发展要素组合凝聚为三个集群，分别为转型时期中国农村发展科学问题、农村发展问题成因、农村发展问题对策研究，共产生了 17 个研究主题（见图 2-8），每个主题下又提炼了多个需要进一步理论和实践研究证实的研究方向，从而形成转型时期中国农村发展问题研究体系，为转型时期农村发展问题的研究和解决提供一个整体思维框架和体系。新时期中国农村发展问题复杂，只有抓住"三农"问题、紧扣"四化"同步途径、利用"五建设"手段、瞄准乡村振兴目标，才能为中国特色社会主义建设打下最坚实的基石，顺利实现建成小康社会和富强民主文明和谐的社会主义现代化国家这两个百年目标。

第六节　本章小结

基于社会经济综合转型时期中国乡村发展问题视角，城镇化进程加速农村人口在城镇的聚集，农业生产要素的快速流失，产生了粮食安全、农村产业、村庄空心化、民生及生态环境等农村问题，其有效解决有待工业化、城镇化、农业现代化、信息化发展。借此开展的农村土地制度、基础设施、农业发展支持系统、农民工市民化研究，能加强转型时期中国农村发展问题成因研究，是寻求解决农村发展问题的途径。党的十八大报告中提出的政治建设、经济建设、文化建设、社会建设和生态文明建设等五位一体布局，为党的十九大报告中的乡村振兴战略提供实践路径，也为中国农村发展问题的解决提供乡村发展目标导向。总体

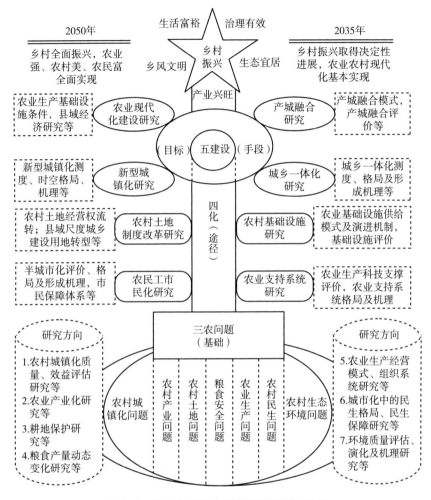

图 2-8　新时期我国乡村发展问题研究框架

上看，在中国特色社会主义建设的新时期，随着城乡融合和乡村振兴的
提出，"三农"是乡村发展的基础问题，"四化"是解决问题的途径，
"五建设"是引导问题解决的手段，城乡融合和乡村振兴是"三农"问
题根本解决及乡村可持续发展的理想目标。

第三章
贫困特征：河南省乡村贫困的多尺度特征

河南省地处中国中东部和黄河中下游地区，东邻安徽、山东，南接湖北，西临陕西，北依河北、山西。河南省地貌类型较为齐全，以山地、丘陵、平原、盆地为主，中东部为黄淮冲积平原，西南有南阳盆地，两者占河南省总面积的比重超过60%，豫西、豫南以山地和丘陵为主。河南省粮食主产区的功能定位及总体较为落后的经济发展水平，致使其成为我国农村贫困人口的重要聚集地。河南省不同地貌类型贫困县的致贫因素及贫困特征存在明显差异。本章基于河南省精准扶贫统计与实地调研数据，从县域及农户两个层次进行贫困特征研究，并分山地、丘陵、平原三种地貌类型进行区域对比。

河南省是我国重要的粮食主产区，粮食产量于 2016 年实现"十三连增"。河南省经济发展总体较为落后，2017 年三产比例为 9.6∶47.7∶42.7，与同期全国三产比例 4.8∶38.9∶56.3 差距较大。河南省粮食主产区的功能定位及总体较为落后的经济发展水平，致使其成为我国农村贫困人口的重要聚集地。截至 2018 年 10 月，河南省还有贫困县 48 个，其中国家连片特困地区重点县 23 个，国家扶贫开发工作重点县 10 个，省定扶贫开发工作重点县 15 个，共计农村贫困人口 221 万人。

第一节　河南省贫困县特征

一　河南省贫困县空间格局变化

截至 2018 年，河南省共 48 个贫困县，占全省 108 个（21 个县级市、87 个县）县区数量的 44.44%。河南省集中连片特困地区共涉及秦巴山片区 10 个县、大别山片区 16 个县。全省贫困县面积为 8.61 万平方公里，其中国定贫困县 6.31 万平方公里，省定贫困县 2.3 万平方公里，分别占全省总面积的 37.79% 和 13.74%。

1. 1986~1994 年河南省贫困县呈空间散布格局

1986 年我国开始以县为单位进行有计划的大规模扶贫，按 1985 年的标准，以农村年人均纯收入低于 150 元、少数民族和革命老区年人均纯收入低于 200 元、有特大影响的老革命根据地县年人均纯收入低于 300 元来划分贫困县，在全国共划定了 331 个贫困县，并落实相应的扶贫措施。1986 年划定的河南省贫困县总数是 31 个，分布在 12 个地级市（见图 3-1）。其中开封市有 1 个县（兰考县），占比为 3.22%；洛阳市有 5 个县（栾川县、嵩县、宜阳县、汝阳县和洛宁县），占比为 16.13%；平顶山市有 1 个县（鲁山县），占比为 3.22%；安阳市有 1 个县（滑县），占比为 3.22%；新乡市有 1 个县（封丘县），占比为

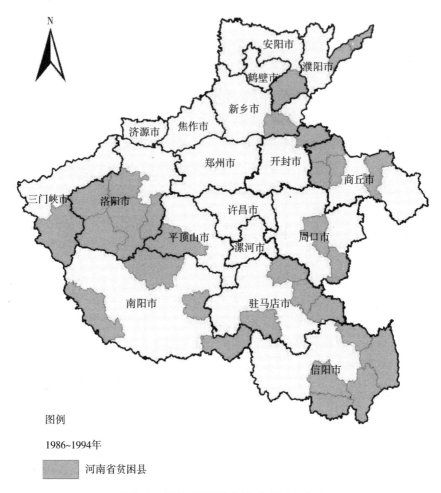

图3-1　1986~1994年河南省贫困县分布

3.22%；濮阳市有2个县（范县和台前县），占比为6.45%；三门峡市有1个县（卢氏县），占比为3.22%；南阳市有4个县（南召县、淅川县、社旗县和桐柏县），占比为12.90%；周口市有2个县（淮阳县、沈丘县），占比为6.45%；商丘市有4个县（民权县、睢县、宁陵县和虞城县），占比为12.90%；信阳市有5个县（光山县、新县、商城县、固始县和淮滨县），占比为16.13%；驻马店市有4个县（上蔡县、平舆县、确山县和新蔡县），占比为 12.90%。洛阳市及信阳市贫困县分布较为集中，分别属伏牛山区、大别山区；商丘市属于地形低洼，水系枝状分布区，旱涝灾害频繁。1986 年河南省贫困县总体呈现分散分布状态，豫西伏牛山区，豫南大别山区、桐柏山区，豫东黄河滩和淮河水流域的贫困县相对集中。

2. 1994~2000 年河南省贫困县规模及格局保持稳定

1994~2000 年是扶贫的攻坚阶段，该阶段采取"4 进 7 退"原则，即将年人均纯收入低于 400 元的县划进贫困县，年人均纯收入超过 700 元的县退出贫困县，重新划定了 592 个贫困县。1994 年河南省贫困县数量以及相应的县区依旧与 1986 年划分的一致，贫困县总数依旧是 31 个，具体空间分布也没有变化。

3. 2006 年河南省贫困县逐渐集中连片

2001~2010 年是整村推进型扶贫开发阶段，10 年间全国农村贫困人口减少到 2688 万人，贫困发生率从 10.2% 下降到 2.8%。2001 年国家重新确定了贫困县的划分标准，运用"631 指数法"来划分贫困县。河南省这个时期贫困县情况发生了变化，河南省统计年鉴数据显示，2006 年河南省贫困县达到了 44 个。除了上一阶段的 31 个贫困县，还增加了洛阳市的伊川县，平顶山市的叶县，新乡市的原阳县，濮阳市的濮阳县，漯河市的舞阳县，南阳市的方城县，商丘市的夏邑县，信阳市的罗山县、潢川县、息县等 13 个县。新增的 13 个县被划定为省级扶贫开发重点县，2001 年前划定的 31 个县为国家级扶贫开发重点县。信阳市所辖 8 个县全部被划为贫困县，占省域贫困县的比重达 18.18%。数量次之的是洛阳市，有 6 个贫困县，占比为 13.64%。新增的贫困县中，漯河市的舞阳县是所在地级市首次出现贫困县。整体上来说，该阶段贫困县数量在持续增加，整体规模在持续扩大，出现集中分布的状态，集中分布在豫西、豫南和豫东地区，由西向东扩展，连片分布在伏牛山区、大别山区、桐柏山区和黄河滩上（见图 3-2）。

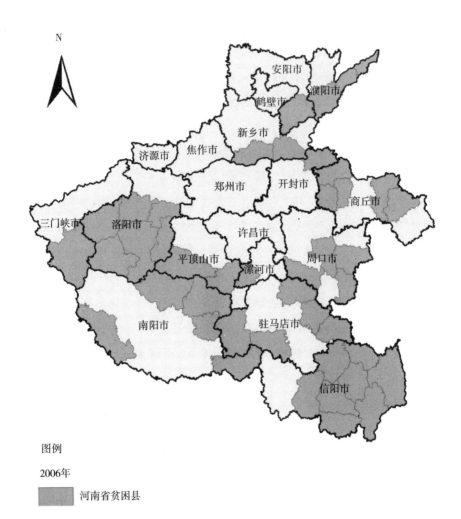

图 3-2 2006 年河南省贫困县分布

4. 2012 年河南省贫困县呈 Y 形连续分布

2011 年国家再一次转变扶贫政策,集中连片特困地区成为扶贫开发的主战场。2011 年,以国际上的 1 天 1 美元为标准,即以年人均纯收入 2300 元为标准划分贫困县,此阶段全国贫困县的总数量达到 679 个。河南省贫困县数量达到了 53 个,比 2006 年多了 9 个,分别是南阳市的镇平县、内乡县，商丘市的柘城县，周口市的太康县、西华县和扶沟县，驻马店市的正阳县、汝南县，安阳市的内黄县。2006~2012 年，河南省贫困县数量上仍然是有增无减，没有贫困县退出，只有新增，新增的贫困县像桥梁般地将豫东、豫西和豫南的贫困县连接起来。2012年的 53 个贫困县中，国家扶贫开发工作重点县 38 个（其中国家连片特困地区重点县 26 个，非连片扶贫开发工作重点县 12 个），省级扶贫开发工作重点县 15 个（见图 3-3）。综合来看，信阳市仍然是贫困县数量最多的地区，共有 8 个贫困县，占省域贫困县的比重达 15.09%；其次是驻马店市，有 7 个贫困县，占比为 13.20%；南阳市、商丘市贫困县均为 6 个，占比均为 11.32%；数量最少的是开封市、三门峡市、漯河市，贫困县数量均为 1 个。河南省贫困县的分布依然集中在豫东、豫南和豫西地区，与 1986 年、1994 年、2006 年相比，贫困县在原有基础上向周边扩散，且有连片扩散的趋势。豫东沿边线基本被覆盖，贫困县重心有向南迁移的倾向。豫北地区除了黄河滩上少数贫困县，其他区域经济较发达，贫困人口较少。

5. 2017 年河南省贫困县自豫北逐渐减少

党的十八届五中全会提出了全面建设小康社会的目标，要在 2020年实现农村人口脱贫、贫困县摘帽，解决我国的区域贫困问题。在各项扶贫政策并举的情况下，河南省兰考县和滑县于 2016 年率先退出，开封市不再有贫困县。截至 2017 年底河南省贫困县数量为 51 个，没有新进的贫困县，贫困县集中分布在"三山一滩"，即豫东、豫西、豫南地区，集中连片分布现象明显（见图 3-4）。

综上，河南省贫困县数量在 1986~2016 年持续增加。1986~1994年河南省贫困县数量为 31 个；2006 年贫困县数量为 44 个，较前一阶段增加了 13 个；2012 年贫困县数量为 53 个，较前一阶段增加了 9 个。贫困县数量不断增加，贫困范围也不断向周边扩展，逐渐将豫西、豫东和豫南三地连接起来，呈现集中连片的现象。1986 年贫困县占县区总规

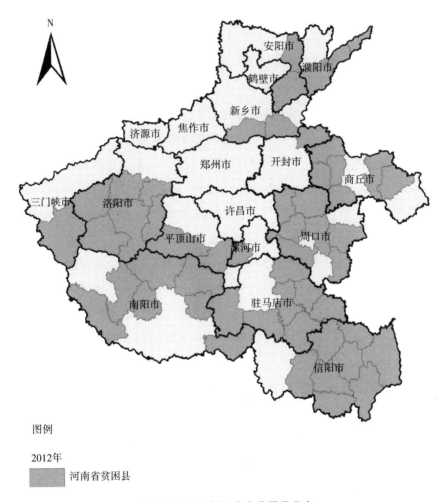

图例

2012年

河南省贫困县

图3-3　2012年河南省贫困县分布

模的 74.19%，2017 年增加至 84.31%。2016 年率先退出的贫困县是兰考县、滑县，集中在豫北地区；2017 年退出的新县、沈丘县和上蔡县，集中在豫南地区。

从分布上看，2017 年河南省贫困县几乎遍布整个省区，除 2 个省直管县外，其余贫困县分布于 12 个地级市，占河南省地级市数量的

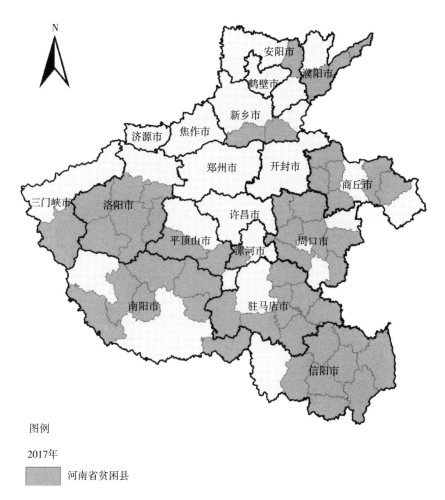

图 3-4　2017 年河南省贫困县分布

76.47%，具体分布为信阳市 8 个、南阳市 7 个、商丘市 6 个、周口市 7 个、驻马店市 7 个、洛阳市 6 个、濮阳市 3 个、平顶山市 2 个、新乡市 2 个、漯河市 1 个、三门峡市 1 个、安阳市 1 个。河南省贫困县总体上呈现数量多、面积大、分布较为集中连片的特征，集中分布于河南省西南、东部及南部地区，与其"北富南贫""西高东低"的经济增长空间格局相呼应。从自然地理特征看，这些县多位于河南省边缘地区，主要分布于亚热带向暖温带过渡地区、温带大陆性季风气候区，地形上看分布于山区、山区向丘陵平原过渡地带，农业生产和经济发展受自然地理环境要素影响较大。尤其是伏牛山南北分别属于北亚热带湿润气候与暖温带湿润季风气候，具有大陆性和南北过渡性特征，夏雨约占全年的55%，干热风等灾害性天气多发，农业生态环境较为恶劣。

二 河南省区域贫困深度差异

2014 年底河南省 576 万建档立卡贫困人口中，408 万贫困人口集中在"三山一滩"地区，共占河南省贫困人口的 70.8%，其中大别山片区 28个县集中了贫困人口 236 万人，伏牛山片区 18 个县集中了贫困人口 105万人，黄河滩区 10 个县集中了贫困人口 54 万人。2014 年河南省总体贫困发生率为 7.1%，其中大别山片区贫困发生率为 10.4%，革命老区贫困地区（包括 26 个片区县和 12 个片区外国定县）贫困发生率为 10.9%，秦巴山片区贫困发生率为 12.1%，可见河南省不同区域贫困县深层差异显著。

三 河南省贫困县地域类型划分

河南省地势西高东低，北、西、南三面环山，北部被黄河横贯，兼具平原、丘陵和盆地三种地形，地形及气候条件复杂多样。河南省为农业大省，自然地理要素的多过渡性和波动性对农业生产影响显著，且贫困县在平原、山区及丘陵三种地貌类型上均有分布。

自 2016 年以来，研究团队先后完成了河南省民权县、太康县、郸城县、上蔡县、鲁山县、淅川县、洛宁县、新县 8 个县区的精准扶贫实践调研，获取了丰富的贫困户数据资料及各县区、村镇资料等。不同县的地理区位差异显著，其中淅川县位于伏牛山脉南麓，郸城县位于豫东平原，鲁山县位于伏牛山东麓，洛宁县地处豫西山区，新县位于大别山腹地，上蔡县位于河南省东南部平原地区。为了更加清晰地分析和对比不同地理环境类型农户致贫的主导影响因素及其作用机制，本章根据样本县地理环境差异，将 8 个样本县划分为 3 个类型区，分别为平原县（郸城县、太康县、民权县、上蔡县）、丘陵县（鲁山县、洛宁县）和山地县（淅川县、新县），并尝试进行不同地理环境下农户致贫因素及致贫机理比较研究。

第二节　河南省贫困农户特征

一　多致贫因素并发，以因病致贫为主

根据贫困户致贫因素调查数据[①]，2017 年河南省贫困户致贫因素占比情况如图 3-5 所示，占比依次为因病>缺劳力>缺资金>因学>缺技术>因残>其他>缺土地>因灾>缺水。其中 78.97% 的贫困户由 1 种因素致贫，18.34% 的贫困户由 2 种因素致贫，3 种及以上因素致贫的贫困户占比仅为 2.69%，这表明调研区域多为单因素主导型贫困户，且主要以因病致贫为主。分析发现，有 86.78% 的贫困户家庭中有病人或残疾人，其中，慢性病病人所占比重最大，占 17.86%；重病病人占 21.36%；残疾人占 17.86%。重病病人花费大，农户普遍负担不起从而欠下巨额债务；冠心病、糖尿病、精神病等慢性病普遍，长期治疗导致贫困户家庭负担进一步加重；而残疾、精神疾病等则多为遗传，贫困程度深、脱贫难度大。贫困户因病欠债情况普遍，且大多无力在短期内偿还，再加上因病导致的缺劳力问题，致使其债务不得不延续到下一代，故因病、因残致贫农户极易造成贫困的代际传递，脱贫难度大。

---

① 本章调研数据调研时间为 2017 年。

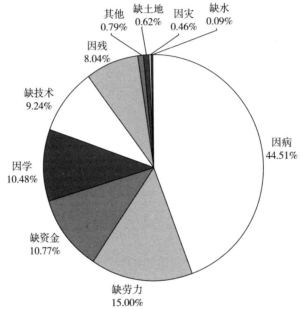

图 3-5 2017 年河南省贫困户致贫因素占比情况

二 收支严重失衡，支出型贫困特征显著

2015 年，河南省贫困户年人均纯收入为 2633.5 元，低于同期国家贫困标准（2855 元）。家庭年均总收入为 11490.26 元，其中务工收入是主要收入来源，占总收入的 41.83%，主要为劳动力在本地或外地务工所得；家庭经营性收入占比为 33%，主要来源于种植小麦、玉米以及其他经济作物，养殖家禽牲畜；转移性收入占总收入的 23.7%，主要包括养老保险、最低生活保障、农业补贴和子女赠予或寄回等；最低的是财产性收入，仅占总收入的 1.47%，主要靠土地流转获得。调研数据显示贫困户家庭年均总支出为 17393.97 元，其中 48.4% 为医疗费用支出，17.85% 为日常生活支出，14.71% 为教育支出，11.24% 为家庭经营性支出（主要为种植业、养殖业和农用机械维修等生产成本），7.8% 为其他支出（主要为随礼）（见图 3-6、图 3-7）。

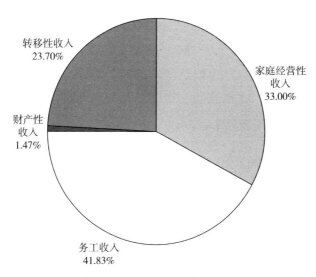

图 3-6　贫困户家庭收入结构

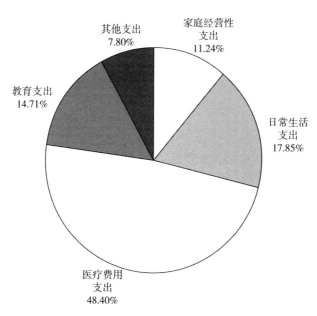

图 3-7　贫困户家庭支出结构

综上，河南省农村贫困群体收入总体有限，年均总支出超出年均总收入5903.71元，呈"支出型贫困"特征。家庭支出主要用于医疗及维持日常生活，难以兼顾教育和家庭经营性支出。因此，贫困户家庭陷入低收入、高支出导致的低储蓄，低资本形成、低农业生产投资导致的低生产率和低产出以及更低收入的贫困恶性循环之中，进一步加大了贫困深度和脱贫难度。

三 住房条件较差，住房不满意占比高

贫困户建房时间主要集中在 1980～2010 年，占调研总数的74.64%，1980 年以前建房的贫困户占调研总数的 11.48%，2010 年以后建房的贫困户占调研总数的 13.88%。在房屋结构方面，所占比例砖混（52.55%）>砖木（33.18%）>土坯（11.66%）>钢混（1.91%），即 2017 年仍有 11.66%的贫困户居住在土坯房里。相比其他房屋，土坯房矮小且耐用性差，需要定期的维护和加固，调研发现 87%的土坯房存在漏雨和不同程度的裂缝现象，甚至部分房屋有倒塌危险。总体上有超过 40%的贫困户对住房条件表示不满意。从贫困户建房时间来看，土坯房占比随时间推移整体呈下降趋势，在 1960～1970 年达到顶峰后出现骤降现象，而在此时砖混、砖木型房屋占比开始上升，其中砖木结构型房屋占比在 1980～1990 年开始下降，砖混型房屋则呈现持续上升趋势（见图 3-8）。河南省贫困户房屋结构总体呈现三个阶段：第一阶段为 1970 年之前，此时房屋结构以土坯为主，结构较为单一；第二阶段为 1970～2000 年，此时处于贫困户房屋结构转型时期，砖混、砖木型房屋建设增多，房屋类型出现多样化；第三阶段为 2000 年之后，房屋结构以砖混为主，砖木型房屋减少，出现钢混等新型房屋结构。

四 学历低、老龄化，脱贫内生动力不足

贫困户户主受教育程度普遍偏低，72.34%为小学及以下学历，初中学历占 24.91%，高中及以上学历仅占 2.75%（见图 3-9）。与脱贫

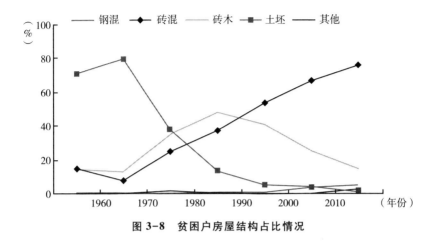

图 3-8 贫困户房屋结构占比情况

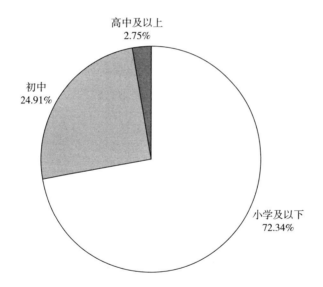

图 3-9 贫困户户主受教育程度

户户主学历对比发现，脱贫户户主受教育程度为小学及以下的比重低于贫困户户主 29.27 个百分点，而脱贫户户主初中和高中及以上学历占比分别高于贫困户户主 23.95 个百分点和 5.32 个百分点。由此表明户主受教育程度越高，其脱贫潜力越大。另外，贫困户户主年龄普遍较大

（见图 3-10），61 岁以上占 51%，41~60 岁占 43%，而 40 岁及以下仅占 6%。通过对比可发现，40 岁及以下、41~50 岁、51~60 岁三个年龄阶段在脱贫户中的占比均比在贫困户中的占比高，51~60 岁阶段高出 8.49 个百分点，而 60 岁以上在脱贫户中的占比较在贫困户中的占比低 13.4 个百分点。可见，贫困户户主年龄越小，其脱贫能力和脱贫潜力越大。总体上看，河南省贫困户户主普遍学历不高且年龄偏大，对于学习先进技术、进行劳动力技能培训、发展特色产业等脱贫项目的参与度和积极性较低，"等、靠、要"思想观念强，自身脱贫动力不足，严重影响其脱贫能力和脱贫速度。

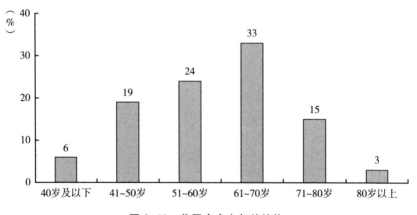

图 3-10　贫困户户主年龄结构

五　家庭规模较大，赡养及抚养负担重

调研发现，50 岁以上人口是实际从事农业生产的主力军，60 岁以上老人也从事农业生产，以增加家庭收入。统计发现，49.83% 的贫困户家庭人口负担系数（非劳动年龄人口数与劳动年龄人口数之比）大于 0.5。由图 3-11 可看出，随着家庭人口规模的扩大，贫困户家庭中 16 岁以下未成年人所占比重逐渐提高，而 60 岁以上老人所占比重则逐

渐降低，即人口规模大则家庭抚养负担重，因学致贫占比高。图3-12表明，家庭人均纯收入基本上随家庭人口数的增加而减少。综上表明，河南省贫困户家庭人口规模大，老人及未成年人占比高（占总人口的47.58%），导致人均收入普遍偏低，家庭的抚养、赡养负担较重。

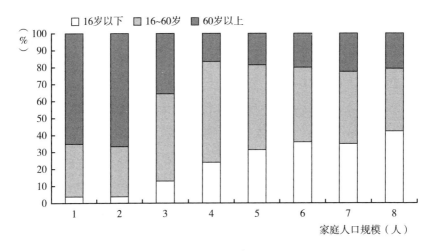

图3-11　贫困户家庭人口结构

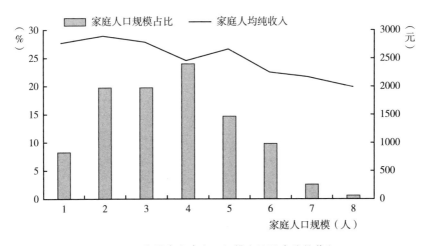

图3-12　贫困户家庭人口规模占比及人均纯收入

六 帮扶方式多样，成效及满意度较低

如图 3-13 所示，贫困户对帮扶责任人和驻村工作队的帮扶工作较为满意，分别占 91.21%、90.28%；而对帮扶方式和帮扶成效的满意度较低，分别占 88.47% 和 84.97%。贫困户帮扶中 89.36% 的主要帮扶方式为最低生活保障（30.3%）、发展特色产业（15.08%）、劳动力技能培训（11.71%）等（见图 3-14）。"其他"帮扶方式占比为 15.65%，主要是帮助贫困户解决安全用水用电问题、为贫困户脱贫出谋划策、解决生活难题以及给予精神上的鼓励支持等。访谈发现，由于贫困户对于政策的了解程度不够、风险抵御能力低、传统保守思想以及自身能力有限等，部分贫困户对于参与脱贫产业等积极性不高，帮扶成效受到限制，进而导致贫困户对帮扶成效不满意，占比为 15.03%。值得注意的是，由于部分帮扶人的帮扶方式仍停留在看望慰问、给予慰问金等"走形式"层面，对贫困户增收脱贫作用有限，也引起贫困户家庭的不满意。

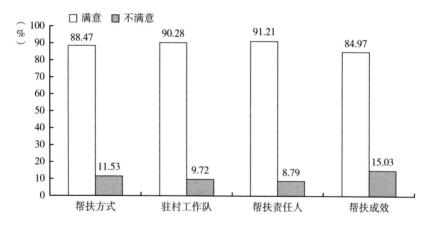

图 3-13 贫困户帮扶满意度

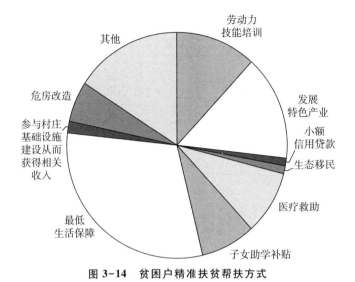

图 3-14 贫困户精准扶贫帮扶方式

第三节 河南省不同地貌类型贫困县特征比较

一 平原与丘陵贫困县以单因素致贫为主，山地双致贫因素并存

不同地貌类型贫困县家中有病人或残疾人的贫困户占比均较高，在平原、山地、丘陵地区占比分别为 92.3%、86.05%、80.24%，表明平原地区贫困户家庭中残疾人、重病病人以及慢性病病人占比均高于丘陵和山地地区的贫困户。但就致贫因素而言，平原和丘陵地区的贫困户主要由单因素致贫，单因素致贫占比分别为 74.39%、68.01%，而山地地区贫困户则主要为单因素致贫（52.14%）与双因素致贫（41.15%）并存。因病致贫是三类地区的主要致贫原因。其中，平原贫困县因病、因残致贫的贫困户占比最高，为 56.91%；丘陵贫困县次之（55.30%）；山地贫困县最低（47.42%）。综上可知，平原和丘陵贫困县以单因素致贫为主，因病、因残致贫现象最

突出，脱贫难度较大；山地贫困县双致贫因素并存，因病与缺技术、缺资金或缺劳力情况并存，致贫因素复杂、脱贫难度大（见图 3-15）。

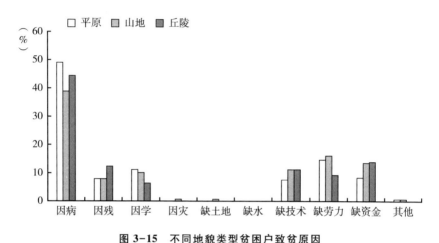

图 3-15 不同地貌类型贫困户致贫原因

二 不同地貌类型贫困户家庭收入结构相似，收入水平及支出结构差异显著

不同地貌类型贫困户家庭收入结构相似，但年均总收入差异显著。其中丘陵地区贫困户家庭年均收入最高，约 1.6 万元，主要收入来源为务工收入（41.02%）、种植业收入（33.83%）、转移性收入（16.99%）。山地地区贫困户家庭年均收入约 1.4 万元，其中务工收入占比为 57.26%；由于山地地区耕地少而林地多，故种植业收入最低（8.14%），但林地补贴等转移性收入占比较高（20.90%）。在平原地区贫困户，因耕地面积较大，种植业收入占比高（37.11%），农业补贴较多，转移性收入较高（27.03%）；务工规模小导致务工收入占比较低（30.68%），平原地区贫困户家庭年均总收入仅为 0.87 万元，约为丘陵和山地地区贫困户家庭平均收入的 54.4%、62.1%。不同地

貌类型贫困户均以医疗费用支出为最主要支出，医疗费用支出分别占平原、丘陵和山地地区贫困户支出总规模的 52.96%、49.60%、38.33%。平原和山地地区贫困户排在第 2 位的支出类型是日常生活支出，分别占 16.54% 和 21.48%，但丘陵地区贫困户将 20.58% 的支出用于教育，与平原和山地地区不同，这一支出结构对贫困户脱贫内生动力的培养非常有利（见图 3-16、图 3-17）。由此表明，不同地貌类型贫困户收入结构相似，但收入水平及支出结构差异显著，其中丘陵地区贫困户平均收入水平最高，支出结构最有利于脱贫内生动力的培育。

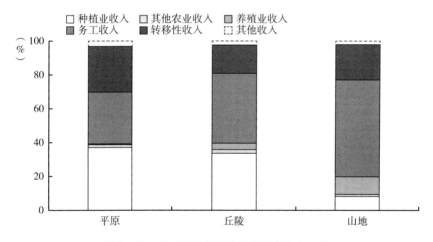

图 3-16 不同地貌类型贫困户家庭收入结构

三 平原地区农户住房条件好，山地和丘陵地区住房安全隐患多

基于调查数据的统计分析结果显示，95.03% 的平原地区贫困户房屋结构为砖混、砖木，其土坯房只占 3.11%；74.48% 的山地地区贫困户住房结构为砖混、砖木，其土坯房占比为 20.98%，仅 4.35%

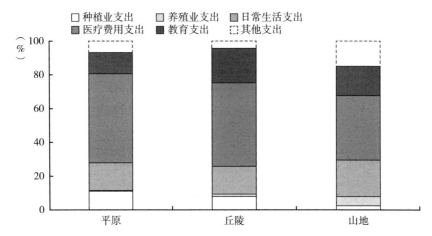

图 3-17　不同地貌类型贫困户家庭支出结构

的贫困户房屋为钢混结构；在丘陵地区，72.61%的贫困户住房结构为砖混、砖木，土坯房占比高达 26.09%（见图 3-18）。在住房建造时间上，平原地区贫困户建房时间集中于 1980 年之后，且其在 1980~2000 年建房的比重远高于同期丘陵和山地地区建房比重；在丘陵、山地地区，农户住房大多建造于 1990 年之后，并在 2000 年后建房比重超过平原地区（见图 3-19）。综上可知，平原地区贫困户住房结构主要为砖混、砖木，土坯房占比极低，住房安全基本有保障；而丘陵和山地地区仍有 20%~30% 的贫困户居住在土坯房，存在住房安全隐患。

四　山地和丘陵地区贫困户户主学历结构要优于平原地区

河南省贫困户户主学历普遍较低，但不同区域之间存在明显差异。在小学及以下、初中、高中及以上三个学历层次上，丘陵地区贫困户户主为高中及以上和初中学历的占比最高，分别为 4.44% 和 38.67%，其后依次是山地（3.73% 和 25.88%）和平原地区（1.83% 和 21.24%）。如表 3-1 所示，丘陵地区贫困户户主学历结构最优，其

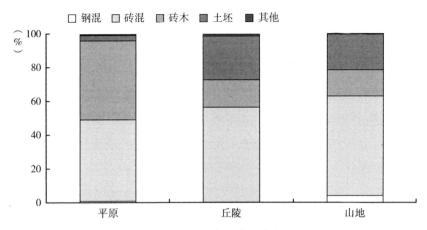

图 3-18　不同地貌类型贫困户房屋结构

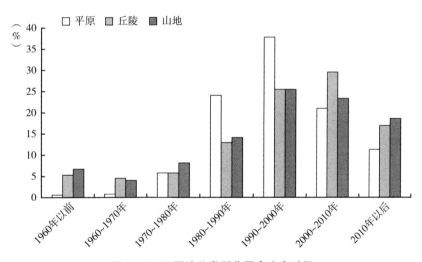

图 3-19　不同地貌类型贫困户建房时间

次是山地地区，最后是平原地区。更高的学历层次意味着更强的学习能力和适应能力，表明丘陵地区贫困户相比平原和山地地区而言，具有更强的技术学习能力及脱贫内生动力。

表 3-1 不同地貌类型地区贫困户户主学历结构

单位：%

	小学及以下	初中	高中及以上
平原	76.93	21.24	1.83
丘陵	56.89	38.67	4.44
山地	70.39	25.88	3.73

就贫困户现有家庭子女教育情况而言，44.36%的平原地区贫困户家庭没有在校学生，其次分别为丘陵（35.29%）和山地（33.91%）地区。如图 3-20 所示，虽然平原、丘陵和山地地区贫困户家庭目前有大学及以上在校学生的占比相近，分别为 7.12%、7.35%、7.22%，但目前仍具有在校学生（包括幼儿园、小学、初中、高中、大学及以上的在校学生）的贫困户家庭比重较高的是山地和丘陵地区，平原地区比重较低。再次表明山地和丘陵地区贫困户家庭教育结构总体优于平原地区，这是丘陵和山地地区更加重视教育理念的体现。

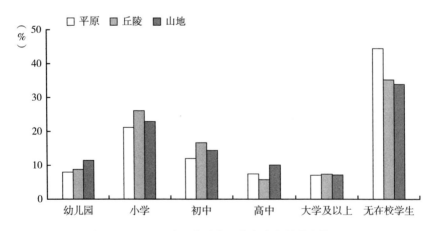

图 3-20 不同地貌类型贫困户家庭在校学生情况

第四节 本章小结

自 1986 年开始，河南省确定了 31 个贫困县，1994 年保持不变，2006 年增加至 44 个，2012 年再次增加到 53 个，兰考县、滑县于 2016 年退出贫困县，河南省贫困县减少至 51 个。在空间格局上，河南省贫困县在 1986~1994 年呈分散分布，之后逐渐集中连片，并呈 Y 形连续分布。自 1986 年以来，河南省贫困县数量持续增加且集中分布在豫东、豫南、豫西地区。就河南省不同地貌类型贫困县而言，致贫原因及贫困特征差异明显。平原、丘陵、山地地区贫困户收入结构相似，但收入水平及支出结构差异显著。平原与丘陵地区贫困户以单因素致贫为主，山地地区双致贫因素并存；平原地区农户住房条件好，山地和丘陵地区住房安全隐患多；山地和丘陵地区贫困户户主学历结构要优于平原地区。就致贫因素而言，河南省贫困县致贫因素较多，其中，不同区域的地形地貌及资源禀赋是客观因素，科技水平落后、产业模式单一、市场狭小、人口素质偏低是重要原因。退出和拟退出贫困县能够因地制宜地发展经济，结合当地特色发展红色旅游经济，落实产业扶贫政策，脱贫效果较好。

第四章
贫困格局： 河南省县域多维贫困的
时空格局

河南省县域多维贫困水平整体较高且呈极化趋势增长，县域多维贫困存在强烈的空间自相关性且空间差异增大。在空间分布上，县域多维贫困呈东高西低格局，总体上形成核心—边缘半环形空间结构。河南省县域多维贫困地域差异特征显著，中原经济区社会发展水平较高，但县域间差距较大；豫东地区县域社会发展呈较低水平空间均衡。农区县域社会发展水平显著滞后于城市辖区，但其县域间差距是城市辖区的2倍。河南省县域多维贫困与粮食生产格局趋同，县域优势粮食生产区域与多维社会剥夺县域高度一致，粮食高产县区虽持续增加，但其社会经济发展水平仍显著落后，这不但证实传统农区粮食"高产穷县"的研究发现，而且揭示出"粮食越高产，社会不发展"的典型农区现实。河南省县域多维贫困时空格局受区域经济发展、社会政策、空间战略及历史发展路径依赖等因素共同影响，有着显著社会经济综合转型的结构性特征。

改革开放以来，中国经济整体上取得了举世瞩目的成就，然而区域发展不平等、聚焦经济增长的发展模式等问题仍然存在，其原因在于并非所有区域和社会群体都能享有经济增长的好处，区域不平等、城乡不平等及社会群体收入差距日趋严峻。同时，以经济增长为中心，过度关注经济增长规模和速度，已引发诸多的社会、经济和环境问题。

中国经济发展的区域不平等问题历来是区域经济学和地理学研究的热点，相关实证研究集中于不平等空间模式、趋同或分异的发展趋势、经济改革尺度及效益、区域发展差距及其根源等（Petrakos，2001；Wei and Ye，2004）。研究表明，中国区域发展不平等从省际过渡到省内，从区域内部转移到城乡差距，且农村内部差距已成为省内及区域整体不平等的最大根源（Jongchul，2001；Li et al.，2014）；区域不平等具有社会经济转型发展的路径依赖特征，始于系统的经济改革，并逐步发展成为一种"正常现象"（欧向军和顾朝林，2004）。然而，区域之间和区域内部的社会不平等问题却少有人关注（Bradshaw and Vartapetov，2003；Yuan and Wu，2013）。

"剥夺"（deprivation）最初源于19世纪60年代的英国，新城市贫困的出现，致使仅用经济指标已不能全面揭示新贫困问题，社会学创立剥夺概念来研究社会公平问题，地理学引入剥夺原理构建了一个检测物质环境和社会环境问题及其在地理空间集聚的系统框架。剥夺的实质是一种相对贫困的度量，被更广泛地用于检测地域社会经济资源配置的空间公正问题（Norris，1979；Townsend，1987；Yuan et al.，2008）。

国内现有多维贫困研究仍存在几点不足。一是现有实证研究多以人均GDP等经济指标为量化基础，但已有研究发现单一经济变量并不宜作为反映整体区域贫困的合适指标（Bradshaw and Vartapetov，2003；Michael，2010），应更多考虑社会指标以实现区域差距的精确度量。

二是现有城市贫困研究集中于少数特大城市的住房不平等、城市贫困及社会隔离等领域，仅揭示了转型期中国城市贫困的一个维度，而整体社会不平等应基于多维贫困视角进行综合测度。三是中国多维贫困研究仍处于起步状态，现有实证研究的区域仅限于东部沿海地区的广东，其快速的经济发展和城镇化进程导致其多维贫困空间模式与强度显著不同于中西部省份和典型农区。河南省是我国典型的传统农区和商品粮生产基地，类似其他传统农区，河南省粮食产量与县级财力之间的"粮财倒挂"现象显著，"高产穷县"必将危及国家粮食安全，但学界对河南省传统农区的社会发展滞后与多维贫困研究鲜有涉及。因此，本章试图基于第六次全国人口普查县域数据，从多维贫困视角系统地检测传统农区县域尺度下多维贫困空间模式及地域差异，揭示传统农区县域多维贫困的驱动因素与形成机制，并提出有针对性的政策建议，以期促进粮食连增背景下传统农区可持续发展。

第一节　研究方法及数据来源

一　研究区域

河南省（31°23′~36°22′N，110°21′~116°39′E）地处我国中东部和黄河中下游。2014 年总人口超过 1 亿人，人口密度高达 633 人/千米²，远超同期全国平均人口密度（142 人/千米²）。河南省中东部以黄淮冲积平原为主，西南有南阳盆地，两者占河南省总面积的比重超过 60%。河南省是我国主要的粮食生产地区，2014 年粮食产量达1154.46 亿斤，比 2013 年增产了 11.72 亿斤，并实现粮食产量 2004~2014 年的 11 连增。

二 评价维度与研究方法

基于国内外相关成果和县域研究空间尺度，本章构建了一个由 14 个变量构成的多维贫困评价指标体系，涵盖收入、人口结构、就业、教育及住房条件五个维度（见表 4-1）。河南省第六次全国人口普查县域数据是主要指标数据来源。但与英国、加拿大、澳大利亚及南非等国家类似，中国的人口普查数据缺乏可直接用于经济剥夺评估的经济收入数据。基于此，我们以 2010 年河南省各县城镇和农村人口平均收入为基础，并对城市、农村人口规模进行加权平均而获得城乡人口平均收入。其他指标来源于 2010 年第六次全国人口普查数据。

表 4-1　河南省县域多维贫困评价指标

维度（变量数量）	指标	单位	方向
收入（1）	城乡人口平均收入	元	−
人口结构（3）	60 岁及以上人口比重	％	+
	14 岁及以下人口比重	％	+
	离婚及丧偶人口比重	％	+
就业（1）	失业人口比重	％	+
教育（3）	文盲人口占 15 岁及以上人口比重	％	+
	平均受教育年限	年	−
	大学本科以上人口占 6 岁及以上人口比重	％	−
住房条件（6）	平均每户房间数	间/户	+
	人均住房建筑面积	米^2/人	+
	住房内无管道自来水的住户比重	％	+
	住房内无厨房的住户比重	％	+
	住房内无厕所的住户比重	％	+
	住房内无洗澡设施的住户比重	％	+

一般剥夺指数（General Deprivation Index，GDI）被用于度量县域社会不平等水平，以进行县域不平等空间模式及地域差异分析，本章用GDI来表示县域多维贫困指数。首先，通过主成分分析法确定县域多维贫困的主要维度，包括 KMO 检验（本研究的 KMO 检验值为 0.822，符合主成分计算要求）、相关系数及协方差矩阵计算、特征值及特征向量识别、方差旋转及确定主成分变量、县域多维贫困指数计算五个主要环节。其次，通过 GDI 计算方法核算每个县域的多维贫困强度，其计算方法如公式（1）所示（袁媛等，2009；袁媛和李珊，2012），最后，基于 ArcGIS 技术平台和 Geoda 软件进行空间统计计算，以有效探测数据热点、集群或空间关联模式，揭示空间依赖性和异质性，并通过可视化进行空间分区，实现河南省县域多维贫困空间模式及地域差异分析。

$$GDI_i = \frac{R_{ik}1 + \sum_{j \neq k} R_{ij}}{P} \tag{1}$$

其中，R_{ik} 是标准化后县域空间 i 中主因子（第一主因子）k 的得分，R_{ij} 是标准化后县域空间 i 中次要因子得分（第二、三、四主因子），P 是主因子个数，GDI 得分在 0 和 1 之间。

2010 年河南省县级行政空间单元共有 159 个，包括县（90个）、县级市（18 个）、地级市辖区（50 个）、省直辖县行政区划（1 个）四种类型。河南省域可以进一步分为中原经济区（郑州市、许昌市、济源市、焦作市、新乡市、开封市、洛阳市、平顶山市和漯河市）、豫北（安阳市、濮阳市和鹤壁市）、豫南（驻马店市和信阳市）、豫东（商丘市和周口市）和豫西（三门峡市和南阳市）五个次级区域，本章以这五个区域作为进行县域多维贫困地域差异分析的空间单元。

第二节　2000~2010年河南省县域多维贫困时空格局变化

一　县域多维贫困强度时间变化

1. 河南省县域多维贫困强度整体较高

本章基于 2000 年和 2010 年数据，运用主成分分析方法提取 4 个主因子，分别解释了 76.9% 和 83.1% 的总方差。其中 2000 年第一主因子的特征值为 5.837，解释 41.69% 的方差；2010 年第一主因子的特征值为 6.962，解释 49.73% 的方差。第一主因子对两个年份县域多维贫困指数计算具有重要的决定作用。本章通过 GDI 计算方法计算 2000 年和 2010 年河南县域多维贫困指数，并基于自然断点法将河南省各县域多维贫困指数分为"很低"、"低"、"中"、"高"和"很高"五个等级。由于所有指标均为正向，所以县域 GDI 值越大，多维贫困程度越高，表明该县域社会发展水平越滞后，GDI 等级最低的县域社会发展水平最高，GDI 等级最高的县域社会发展水平最低。

2000 年河南省各县域 GDI 变化区间为 0~0.737，其中郑州二七区等 51 个县域 GDI 值最低（0），而信阳市平桥区的 GDI 值达 0.737，为全省最高值。多维贫困等级为"很低"的县域占总规模的 36.1%，"高"及"很高"等级的县域占总规模的 21.5%。2010 年河南省 GDI 区间为 0~0.658，具有最低 GDI（0）的县域从 2000 年的 51 个增加到 60 个，许昌市建安区 GDI 最高（0.658）。其中"很低"等级的县域占比为 42.7%，而"高"与"很高"等级的县域占比增加到 28.9%。由此表明，河南省县域社会发展水平整体较低，"高"及"很高"等级的县域占比从 2000 年的 21.5% 增加到 2010 年的 28.9%，多维贫困强度整体较高，且呈增长趋势。

2.河南省县域多维贫困差异增长显著

分析县域GDI变化矩阵及相关性可以揭示河南省县域多维贫困变化动态及趋势。如表4-2所示，2000年有57个县域多维贫困指数属于"很低"等级，而到2010年，分别有2个、3个、1个和3个县域转变为"低""中""高""很高"等级，导致2000年15.8%的"很低"等级县域发生了变化。而"低""中""高""很高"GDI等级县域在2000~2010年变化幅度更大，各等级变化区间为72%~85.7%，共同导致了10年间56.9%的平均变化率。总体上看，相较于2000年，2010年仅有43.1%的县域仍保留在原有GDI等级，56.9%的县域GDI等级发生了变化。同时，GDI变异系数也从2000年的0.805增长到2010年的0.991，表明河南省县域多维贫困状态变化巨大。

表4-2 2000年与2010年河南省各GDI等级县域规模变化矩阵

单位：个

2000年GDI	2010年GDI					总数（2000年）	减少	2000~2010年变化程度（%）
	很低	低	中	高	很高			
很低	48	2	3	1	3	57	9	15.8
低	10	5	8	9	3	35	30	85.7
中	4	7	6	13	2	32	26	81.2
高	3	1	9	7	5	25	18	72.0
很高	3	2	2	1	2	9	7	77.8
总数（2010年）	68	16(+1)※	28	31	15	158(+1)	90	56.9
比2010年增加（+）/减少（-）	+11	-19	-4	+6	+6	—	—	—

注：（1）表4-2目的在于分析2000年与2010年不同GDI等级县域规模变化。例如，与2000年相比，2010年仍有48个县的GDI保持"很低"等级，另外转为"低""中""高""很高"等级的县域分别为2个、3个、1个和3个。（2）许昌市昭陵区成立于2004年，因此缺乏2000年GDI数据；在对2000年与2010年各GDI等级县域规模进行比较时，排除昭陵区，保持省域158个县不变。

对县域 GDI 进行相关性分析有助于揭示县域多维贫困的动态变化。2000 年与 2010 年河南省县域 GDI 相关性如图 4-1 所示，图中横轴表示 2000 年 GDI，纵轴表示 2010 年 GDI，相关性分析得出二者回归系数为 0.636，且 R^2 仅为 0.405，相关性较低，这再次证实 2000~2010 年河南省县域多维贫困状态变化巨大。

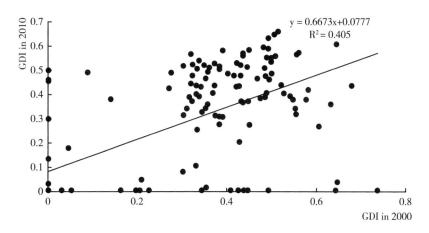

图 4-1　2000 年与 2010 年河南省县域 GDI 相关性

3.河南省县域多维贫困呈极化趋势发展

在变化趋势上，2010 年河南省县域多维贫困等级为 "很低" 的县域有 68 个，在 2000 年 57 个的基础上增加了 11 个。与此同时，"高" 和 "很高" 等级县域均增加了 6 个。然而，2010 年 "低" 和 "中" 等级的县域较 2000 年分别减少了 19 个和 4 个。由于 GDI 被用来度量县域多维贫困状态及区域不平等水平，因此 "很低"、"很高" 和 "高" 等级县域的增加，及 "低" "中" 等级县域的减少，鲜明体现出多维贫困状态的极化发展趋势，说明河南省县域社会发展差距在逐步扩大。虽然河南省 2000~2010 年 GDP 增长了 4.53 倍，城乡人均收入也从 2625 元增加到 11766 元，但并未带来更加平等的社会发展。这再次证明快速的经济增长并不能带来平等的社会进步，甚至会在短期内加剧社会不平等。

二 县域多维贫困空间格局变化

1. 河南省县域多维贫困的空间分布变化

比较 2000 年与 2010 年河南省县域 GDI 空间分布变化，有利于揭示其时空变化规律。总体上看，不同 GDI 等级县域规模及其空间分布发生了巨大变化（见图 4-2、图 4-3）。

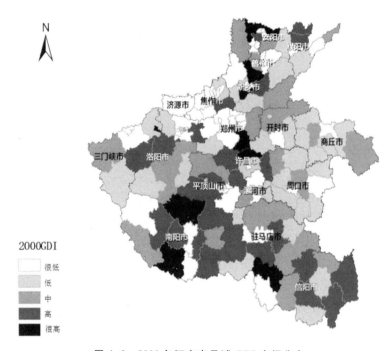

图 4-2　2000 年河南省县域 GDI 空间分布

第一，多维贫困等级为"低"的县域在 2000～2010 年从交错分布逐步集中，呈现显著的聚集趋势。新乡市的修武县、获嘉县，郑州市的偃师县、登封市，三门峡市的灵宝市、陕县等 11 个县（县级市）的社会发展取得较大进步，多维贫困指数等级从"低"进入"很低"，促成"很低"等级县域在河南省西北部的集中连片分布，也表明该区域社会

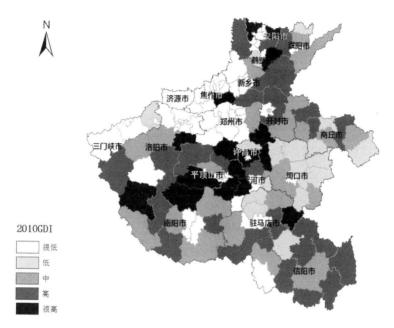

图 4-3 2010 年河南省县域 GDI 空间分布

经济发展日益趋同。

第二，"很高"等级的县域从 2000 年的 9 个增加到 2010 年的 15 个，且绝大部分新增县聚集分布于河南省中部地区。许昌市禹州市、鄢陵县，洛阳市伊川县从"高"过渡到"很高"等级；平顶山市叶县和漯河市舞阳县从"中"进入"很高"等级；信阳市平桥区从"很高"降为"低"等级；而驻马店市平舆县从"低"过渡到"很高"等级，成为豫南地区唯——个 GDI 属于"很高"等级的县，社会发展状态变化剧烈。

第三，在变化趋势上，与河南省粮食产量"西低东高"的格局类似，2000~2010 年河南省各县域多维贫困水平总体上呈"西低东高"的变化态势。在多维贫困等级低的县域于河南省西北部集中连片的同时，豫东地区各县域多维贫困等级也逐步从低向高过渡。商丘市梁园区和周口市郸城县从"很低"上升到"低"等级，周口市川汇区成为豫东地区唯一一个多维贫困等级为"很低"的县域。与此类似，西华县、商水县和沈丘县都从"低"进入"中"等级，共同塑造了豫东地区各县域多维贫困指数整体升高的趋势及聚集分布的格局。由此表明河南省粮食高产县域社会经济发展进一步落后于其他类型区域，印证了传统农区存在粮食"高产穷县"事实的研究发现。

2. 河南省县域多维贫困的空间自相关分析

莫兰指数（Moran's I）及局部空间自相关技术（LISA）被用来进一步探讨河南省各县域多维贫困空间模式及演进过程。如图 4-4 所示，2000 年和 2010 年河南省县域 GDI 的 Moran's I 值分别为 0.1128 和 0.3663，均为正值且远大于 0，表明河南省各县域 GDI 具有强烈的正向空间自相关性，高（低）GDI 得分县域越发倾向于聚集分布，河南省县域社会不平等和多维贫困水平差异显著。同时，2010 年河南省县域 GDI 的 Moran's I 值较 2000 年增加了 0.2535，意味着具有不同 GDI 等级县域的空间自相关性及聚集趋势越发显著，河南省县域多维贫困空间差异持续扩大。

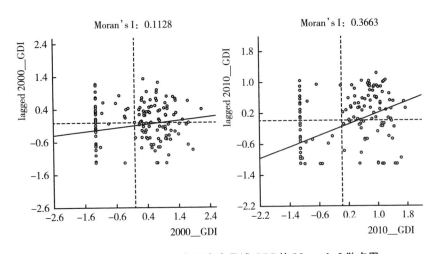

图 4-4　2000 年、2010 年河南省县域 GDI 的 Moran's I 散点图

3.河南省县域多维贫困的空间模式变化

基于空间自相关分析，2000年河南省县域多维贫困LISA格局如图4-5所示，河南省2000年集聚类型为高—高、高—低、低—高、低—低及不显著的县域数量分别为7个、6个、4个、11个及130个。其中高—高集聚类型县域主要分布于豫南淮河流域，集中于信阳市东部及南阳市西部和南部地区。低—低集聚类型县域集中分布于济源市、焦作市以及新乡市东部和郑州市西北部。低—高和高—低集聚类型县域数量相对较少，散布于河南省中部及南部地区。总体上看，受区域自然条件、资源禀赋及经济结构影响，低—低集聚类型县域集中在河南省西北部，而在南部的南阳市和信阳市，各县域GDI较高，高—高集聚类型分布普遍。因此河南省2000年县域多维贫困形成了豫南和豫西北对立的空间格局，即豫南县域高—高集聚和豫西北县域低—低集聚的对立空间格局。

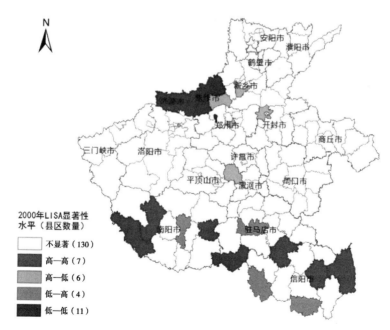

图4-5 2000年河南省县域多维贫困LISA格局

2010 年河南省县域多维贫困 LISA 格局如图 4-6 所示，集聚类型为高—高、低—低、低—高、高—低及不显著的县域数量分别为 16 个、40 个、4 个、11 个和 88 个。各类型县域规模及空间分布模式变化呈如下特征。①高—高、低—低及高—低集聚类型县域规模增长迅速，低—高集聚类型县域规模保持稳定，而不显著集聚类型县域规模大幅锐减。②洛阳市、郑州市、新乡市南部及开封市中部的低—低集聚类型县域扩展迅速，豫西北县域低—低集中连片聚集区快速扩张。③新增高—高集聚类型县域出现在开封市中部和平顶山市和周口市北部，同时南阳市西部及信阳市东部高—高集聚类型县域继续存在且布局更加集中。④高—低集聚类型县域集中于开封市和安阳市，布局在低—低聚集区外围，与豫北高—高集聚类型县域相邻，而低—高集聚类型县域空间布局更加分散。总体上看，与 2000 年相比，豫西北低—低集聚类型县域迅速扩张，向新乡市、郑州市中部及开封市推进，而开封市东部、周口市西部有新

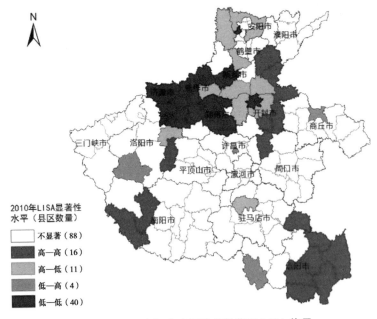

图 4-6　2010 年河南省县域多维贫困 LISA 格局

增高—高集聚类型县域，高—低集聚类型县域阻隔其间、逐步集中连片；豫南高—高集聚类型县域进一步集中于南阳市西部与信阳市东部，由此导致河南省县域多维贫困的南（高—高）北（低—低）高低差异对立格局因高—高集聚类型县域北拓及高—低集聚类型县域集中连片而趋向瓦解，进入豫北县域高低相邻、豫南县域高—高集聚及豫中整体不显著的南、北、中带状空间分异格局，县域多维贫困空间关系更加多样化，县域社会发展水平差异显著、变化剧烈。

第三节　河南省县域多维贫困与粮食生产
时空耦合演变

一　县域粮食生产与多维贫困的空间分区

河南省县域粮食生产与多维贫困时空关系分析过程包括如下三个部分。首先，基于主成分分析法，计算县域四个维度的主因子得分。如果县域某主因子得分大于 0，表明该县存在基于该主因子的贫困；如果同时存在两个或两个以上主因子贫困的空间重叠，则表明该县域存在多维贫困。同时，将各县域四个维度主因子得分相加，最终分值越大，多维贫困水平就越高。其次，基于 2000 年各县域粮食产量与该年度河南省域粮食产量均值差距的大小，可以将河南省 158 个县分为"优势粮食产区"（粮食产量超过省域均值的 1.5 倍）、"一般粮食产区"（粮食产量高于省域均值但低于 1.5 倍）、"弱势粮食产区"（粮食产量高于省域均值的 1/4 但低于均值）和"非粮产区"（粮食产量低于省域均值的 1/4）四种类型。最后，结合各县域多维贫困水平以及粮食产量分类划分，最终得出河南省各县域粮食生产与多维贫困空间关系的多样组合类型（见图 4-7 和图 4-8）。

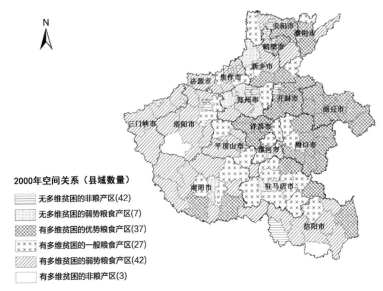

图 4-7　2000 年河南省各县域粮食生产与多维贫困空间关系

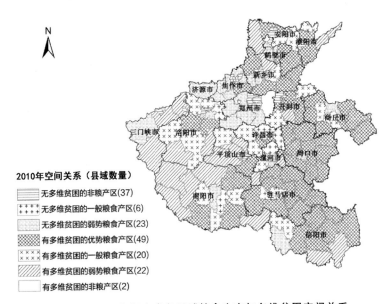

图 4-8　2010 年河南省各县域粮食生产与多维贫困空间关系

二 县域粮食生产与多维贫困关系的空间特征

如图 4-7、图 4-8 所示，2000 年河南省各县域粮食生产与多维贫困空间关系存在 6 种类型，2010 年因新增"无多维贫困的一般粮食产区"类型而增加到 7 种，表明河南省各县域粮食生产与多维贫困空间关系趋向多样化和复杂化，总体上表现出如下特征。

第一，"有多维贫困的优势粮食产区"主要位于河南省东部和中部地区，与"有多维贫困的一般粮食产区"相邻。基于优越的自然条件和农业生产传统，豫东平原（周口市、商丘市、驻马店市、开封市、濮阳市）是河南省乃至全国的商品粮基地，其粮食产量自 2000 年以来保持连续增长，为全国粮食安全做出了巨大贡献，但该地区工业化、城镇化水平远低于河南省及全国平均水平，致使河南省高产粮区与多维贫困县域高度一致。

第二，"无多维贫困的非粮产区"粮食产量极低，但社会发展水平较高，无多维贫困，主要为地级市辖区。该区域通常为各地级市人口居住、经济增长及公共服务供给的中心和重点地区，经济社会发展水平较高，但粮食生产及自然景观迅速衰退。新成立的城市辖区（如昭陵区）虽然仍保留了一些农业种植与粮食生产，但其生产规模及重要性已经大大降低，成为"无多维贫困的一般粮食产区"。

第三，"有多维贫困的弱势粮食产区"2000 年分布于河南省西部、西北部及中部部分地区，主要集中在三门峡市、济源市、平顶山市及南阳市的西部地区。这些地区农业种植及粮食生产自然条件相对恶劣，且非农产业不发达，粮食生产及经济社会发展水平较低，是导致其遭受多维贫困的根源所在。

三 县域粮食生产与多维贫困时空变化

基于区域经济社会发展动态视角，2000～2010 年河南省县域粮食生产与社会发展呈如下变化。

第一，无多维贫困县域规模从 2000 年的 49 个增加到 2010 年的 66 个，10 年间增加了 34.69%。2000 年的 49 个无多维贫困县域中仍有 41 个保持原有类型，另外 8 个县域跌入有多维贫困类型；新增的 25 个无多维贫困县域集中在豫西北焦作市、新乡市等地区，其中 76% 为市辖区（11 个）或县级市（8 个），说明经济社会基础较好的地区多维贫困状况优先改善。

第二，优势粮食产区迅速扩大，但社会发展水平仍然滞后。2010 年河南省优势粮食产区县域规模较 2000 年增加了 12 个，而同期弱势粮食产区县域从 49 个减少为 45 个。新增优势粮食产区集中在驻马店市南部和信阳市东部，分别由 2000 年的有多维贫困的一般粮食产区和有多维贫困的弱势粮食产区转变而来，但新增的优势粮食产区均为多维贫困区域，表明河南省粮食生产保增长成效显著，粮食高产县域持续增加，但其社会发展水平仍然显著滞后。

第三，2010 年新出现了"无多维贫困的一般粮食产区"类型，共6 个县，分别为洛阳市偃师县、许昌市鄢陵县和长葛市、漯河市临颍县、南阳市宛城区和驻马店市驿城区，皆从 2000 年的"有多维贫困的一般粮食产区"转变而来，主要是通过地方特色产业发展推动县域经济振兴，实现区域粮食生产和社会经济的同步发展。

第四节　河南省县域多维贫困地域差异

河南省县域 GDI 代表着河南省县域多维贫困水平，可以分豫北、豫东、豫西、豫南、中原经济区五个空间单元来分析河南省区域间、区域内和城乡之间的地域差异。

一　县域多维贫困的区域间差异

如表 4-3 所示，2010 年河南省县域多维贫困空间差异特征显著。"很低"等级的县域 75.0% 集中在中原经济区，其后依次是豫北、豫西和豫南地区，豫东地区"很低"等级的县域规模比重最低。但是，"很高"等级的县域同样集中在中原经济区，其后依次是豫西、豫北和豫南地区，而豫东地区没有"很高"等级的县域。中原经济区、豫北和豫西地区县域多维贫困等级为"很高"和"很低"的县域比重都较高，表明这三个地区县域间经济社会发展水平多样，差距显著。与此相对的是豫东和豫南地区，这两个地区多维贫困等级为"很高"和"很低"的县域比重都较低，但"低"等级县域比重高于其他地区，且"高"等级县域比重与其他地区差距不大，这表明豫东和豫南地区经济社会发展水平整体不高，但相对均衡。

表 4-3　2010 年河南省不同 GDI 等级县域在各区域内的比重分布

单位：%

区域	很低	低	中	高	很高
中原经济区	75.0	11.8	28.6	32.3	66.7
豫　北	11.8	11.8	14.3	12.9	13.3
豫　南	2.9	17.6	17.9	29.0	6.7
豫　东	1.5	52.9	21.4	9.7	0.0
豫　西	8.8	5.9	17.9	16.1	13.3
城　市	68.1	12.5	7.1	0.0	0.0
农　村	31.9	87.5	92.9	100	100

二　县域多维贫困的区域内差异

河南省县域多维贫困的区域内差异可以通过各县域间 GDI 极差（R）、标准差（SD）及加权平均值偏差（WAD）三种指标进行度量，其中极差和标准差被用于测度不同区域内各县域间多维贫困的绝对差距，而加权平均值偏差则被用于度量相对差距。2010 年河南省不同区域 GDI 极差、标准差及加权平均值偏差分布如图 4-9 所示，中原经济区各县域的多维贫困绝对差距最大（R 和 SD 分别为 0.65860 和 0.24277），其次是豫北和豫西地区，豫南和豫东地区多维贫困绝对差距最小。就多维贫困相对差距而言，中原经济区远高于其他区域，其次是豫北和豫西地区，豫南和豫东地区各县域多维贫困相对差距仍低于其他区域。由此表明，河南省各区域内县域社会发展差距显著，其中中原经济区各县域社会发展差距最大，远高于省域平均水平，其后依次是豫北、豫西和豫南地区，豫东地区各县域社会发展水平差距最小，社会发展水平较为均衡。

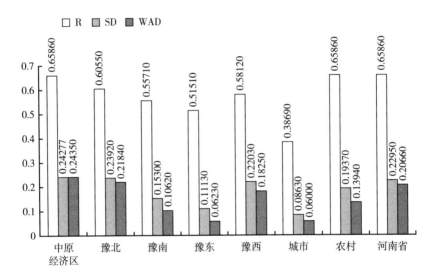

图 4-9　2010 年河南省不同区域 GDI 极差、标准差及加权平均值偏差分布

中原经济区是河南省经济中心所在地，近年来各县域经济增长迅速且差距逐步缩小，但社会发展水平则存在显著的相对和绝对差距。豫东地区是河南省产粮大县集中地，该地区各县域 2010 年平均 GDP 和人均收入分别为中原经济区的 73.4% 和 64.1%，但该地区各县域社会发展差距是省域最小的，社会发展水平相对均衡。由此表明：首先，区域社会发展水平与经济增长不一致，存在显著滞后现象，尤其是短期快速的经济增长并不能促进社会迅速发展；其次，在经济发展落后地区，社会发展也可以塑造出一种低水平的空间均衡状态；最后，传统农区的产粮

大县不仅是财政穷县,且社会发展水平也整体较低,"粮财倒挂"和"粮食与民生倒挂"并存。

三 县域多维贫困的城乡差异

为了讨论河南省县域多维贫困的城乡差异,基于数据可获得性,我们将地级市辖区看作城市。虽然也可以将县城及中心镇所在地看作城市的一部分,但现有数据统计口径对县城与县域不加区分,所以将非城市辖区县域称为农村。河南省县域多维贫困的城乡差距显著,城市辖区多维贫困指数普遍较低,社会发展水平优于农村地区。在豫南、豫东和豫西地区,GDI 等级较低的区域都是地级市辖区,如豫南信阳市的浉河区,驻马店市的驿城区,豫东周口市的川汇区,豫西三门峡市的湖滨区和南阳市的宛城区、卧龙区等地级市辖区 2010 年的多维贫困指数都为最低值(0),而同期农村地区各县的多维贫困指数都较高,普遍位于"高"和"很高"等级,表 4-3 进一步证明了城乡社会发展水平差异。2010 年多维贫困等级为"很低"的县域中有 68.1% 为城市辖区,31.9% 为农村地区,但"高"和"很高"等级县域全部集中在农村地区,这说明 2010 年河南省农村县域社会发展水平显著滞后于城市辖区。从绝对和相对差距视角来看,城市辖区间社会发展水平差距仅约为农村地区的一半,揭示出农村地区社会发展水平差距远大于城市辖区。由此表明,中国典型农区的农村县域多维贫困水平远高于城市辖区;农村县域间多维贫困差距约为城市辖区的 2 倍。

第五节 河南省县域多维贫困时空演进驱动机制

一 经济发展

县域多维贫困的根源在于区域经济发展水平差异。河南省县域多维贫困评价中第一主因子与县域平均收入水平呈显著负相关（-0.933），表明县域多维贫困格局与经济发展及人均收入水平密切相关。从表4-3可以看出河南省县域GDI分布的城乡与区域差异，其中城市作为区域社会经济发展的核心，在2010年拥有68.1%的"很低"等级县域，而同期"高"和"很高"等级县域则100%集中在农村地区。同样，作为河南省经济发展水平最高的区域，中原经济区县域的多维贫困水平远低于其他区域，而"较高"等级县域主要分布在豫南、豫北和豫东地区。

回归分析有利于进一步揭示经济发展与多维贫困之间关系。2010年河南省县域GDI的回归分析结果如表4-4所示。本章以2010年各县域GDI为因变量，选取同年度人均GDP、农业增长率、工业增长率、非农人口比重及地方公共财政支出作为自变量。结果显示人均GDP、工业增长率和非农人口比重的回归系数为负且通过显著性检验，这表明人均GDP及工业增长率越高、非农人口比重越大的县域，其多维贫困水平越低，社会发展状态就越好。而与此相反，农业增长率与多维贫困指数的相关回归系数为正且通过显著性检验，表明农业增长率越高，县域的多维贫困指数越高，社会发展水平越滞后。再次印证了农业县域在经济发展和社会改善能力上的脆弱性，与河南省豫北、豫东、豫南等粮食主产区具有较高GDI等级的现象相一致。豫东地区作为河南省粮食生产集中区，其各县域间GDI的绝对差距和相对差距较小，这也反映了粮食主产区县域低经济发展水平的"趋同性"。

表4-4　2010年河南省县域GDI的回归分析结果

模型	标准化回归系数(B)	标准误差(B)	显示水平(P)
常数	0.058	0.040	0.000
人均GDP(万元)	-0.485	0.008	0.000
农业增长率(%)	0.132	0.029	0.001

模型	标准化回归系数（B）	标准误差（B）	显示水平（P）
工业增长率（%）	-0.067	0.057	0.004
非农人口比重（%）	-0.389	0.061	0.000
地方公共财政支出（万元）	0.202	0.000	0.002

数据来源：河南省各县域 2010 年统计公报。

经济发展水平提高，地方政府可能会增加公共财政支出，以改善区域民生和社会发展水平。但地方公共财政支出的回归系数为正且通过显著性检验，说明地方政府公共财政支出越高的县域，多维贫困水平也越高。通过分析数据可知，2010 年河南省各城市辖区公共财政支出规模普遍低于其他县域，且农村县域在教育、医疗等领域的投资增幅也显著高于同期的城市辖区。基于近年来河南省经济条件的整体好转及国家发展民生的政策导向，地方政府加大了对农村区域公共服务配置的"减赤"和扶持力度，引发了地方公共财政支出与多维贫困水平齐头并进的"非常规"现象。这也再次印证，经济发展可以改善社会条件，但短期的增长和投入并不能有效降低社会贫困水平。

二 社会政策

回归分析结果表明，非农人口比重与多维贫困水平呈显著负相关，即非农人口比重越高，多维贫困水平越低。非农人口聚集于城市是引发我国城乡社会发展差异的重要因素，其背后有着重要的社会政策根源。第一，城乡二元化导致城乡人口结构不合理。城乡户口制度固化了城市与农村居民的聚集空间，阻隔了农村居民的乡城迁徙和非农化转移，导致农村人口抚养压力大、结构不合理。第二，基础教育设施布局调整及高等教育市场化改革导致城乡居民受教育结构不合理。基础教育设施经过"撤点并校"及布局调整，县域中小学规模大幅度缩减，且空间分布高度集中，高中聚集在县城，小学和初中聚集在镇、区。高中学生必须住校，中小学生因就学距离太远而被迫住校、走读或伴读，极大地提高了求学成本，也使不少农村学生初中未毕业就辍学，受教育年限大大缩短。高等教育市场化改革提高了农村学生上大学的概率，但并轨后的高额收费标准远非仅靠农业种植和养殖收入的农村家庭所能承担的，"就学难""因学返贫"的实例在农村不胜枚举。因此，读到高中后选择职业院校或直接离校务工是大多数农村子弟的选择，从而导致农村县域居民受教育年限及本科学历人口过低。第三，农村民生投资不足，居住条件落后。地方政府在经济建设领域相互追赶和竞争，但忽略了民生领域尤其是农村居住条件的改善。"新农村建设"旨在提高农村地区基础设施建设水平、公共服务水平和农村居住条件，但实践表明乡村地域发展是内源性与外源性因素共同作用的结果（李裕瑞等，2011），非农产业基础好、经济水平较高地区的新农村建设和城乡一体化水平更高。豫东、豫南及豫西的传统粮食种植地区产业结构单一、经济基础薄弱，严重影响政策效应的有效发挥，长期以来的城乡二元隔离及城市倾向的投资策略持续加剧当前县域城乡社会发展的不平等。

三　空间战略

计划经济时期，河南省是中央政府的重要投资和建设地区之一，河南省逐步形成了西北高、东南低的经济空间格局。20 世纪 90 年代以后，在全球化影响下，地方政府逐步成为河南省投资主体，显著强化了河南省经济格局的核心—边缘空间结构。其中核心区域位于中原经济区，以郑州市和洛阳市为核心；外围县域经济发展水平总体落后，经济活动主要集中在市区，集聚特征显著。这是产生区域多维贫困差异的基础。

基于不均衡的省域经济空间结构，为了更好地整合区域内部资源、协调融合外部发展空间，2000 年以来河南省逐步构建了中原城市群和中原经济区发展战略，旨在促进郑州市、开封市、洛阳市、平顶山市、新乡市、焦作市、许昌市、漯河市、济源市9市经济社会融合发展，形成中原经济区高效发展的核心区域，引领、辐射、带动整个区域发展。河南省通过城市群规划，强化核心—边缘空间格局，明晰区域功能定位和差异化产业选择。因此，虽然同为地级市的农村县域，中原经济区中郑州市的荥阳市和新密市、洛阳市的新安县、漯河市的舞阳县、焦作市的温县和孟州市等县市工业基础较好，承接产业转移能力较强，经济水平较高，社会发展条件较好（2010年GDI均为0）。而粮食生产被定位为豫东、豫南地区的主导功能，地方政府在强调粮食生产的同时，将有限的投资集中于经济发展而非民生条件改善，导致豫东、豫南地区所有农村县域的社会发展水平都比较落后。以驻马店市为例，2010年平舆县GDI值最高，为0.5571；遂平县GDI值最低，为0.2735。其农村县域GDI均值为0.4027，这表明区域发展战略是河南省县域多维贫困差异产生的重要驱动因素。

四　路径依赖

河南省农业生产条件优越，是我国重要的农产品主产区，但学者研究发现，受宏观经济环境影响，河南省农业增产不增收矛盾突出，农村劳动力利用效率低下，城乡收入差距持续扩大。李裕瑞等（2011）进一步揭示了粮食生产与乡村发展之间的严重"倒挂"现象，指出必须推进宏观层面制度和政策创新，确保国家粮食安全。从2004年起，河南省遵照"多予、少取、放活"的原则，不断加大强农惠农政策力度，在全省范围内推行免征农业税，减轻农民负担，实施种粮直补，激发农业生产积极性。但与此同时，河南省推出基于"中心城市带动"的中原城市群发展战略，重点发展区域中心城市和新增长极，严重挤压农村固定资产投资，抵消了一系列有利于农村发展的政策效应。此外，种粮直补等惠农、支农政策机制不完善，补贴力度太小，未能根本扭转农业生产成本效益格局及其对农业生产积极性的制约。因此，河南省的传统农区定位及惠农政策效应较弱，难以改变农业主导县域的经济弱势，导致了河南省县域社会发展的整体不均衡以及不同区域间、区域内和城乡间社会发展水平的显著差异。

五 综合作用

河南省县域多维贫困空间格局及其地域差异的形成有其深刻的转型期"结构性"社会经济背景，涵盖经济发展、社会政策、空间战略及路径依赖等因素。其中经济发展是河南省县域多维贫困空间模式与地域差异形成的核心因素；以城乡二元结构、教育政策调整和新农村建设为主体的社会政策是县域多维贫困产生的关键；以中原经济区为核心区域的空间战略是引导河南省产生县域多维贫困空间差异的重要因素；而河南省的传统农区定位及其相关政策配套是多维贫困空间差异形成的路径依赖，这些因素共同作用下，河南省不同县域在功能定位、产业基础、经济水平、生产效益及公共服务配置等方面存在差异，形成多样化、差异化的县域多维贫困及社会不平等空间格局（见图4-10）。

第六节 本章小结

本章以河南省为例，从多维贫困视角探讨了2000~2010年中国典型农区在粮食持续增产背景下县域社会发展不平等的空间模式、地域差异及形成机制，得出如下结论。

第一，典型农区县域多维贫困水平整体较高且呈极化趋势增长。河南省县域社会发展水平整体较低，县域多维贫困水平及变异系数持续增长，且多维贫困等级为"高""低"的县域规模差异化加剧，县域社会发展差距持续扩大，极化趋势明显。

第二，典型农区县域多维贫困存在强烈的空间自相关性且空间差异

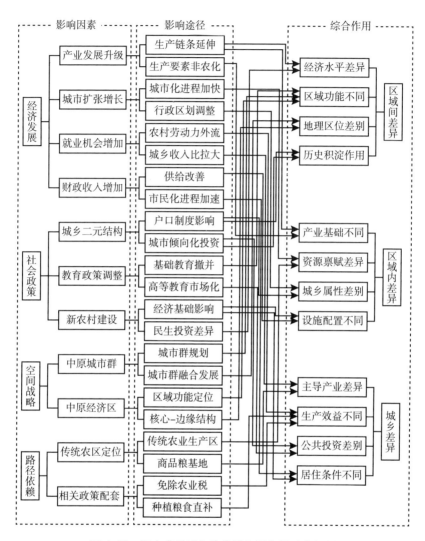

图 4-10 河南省县域多维贫困空间格局形成机制

增大，与河南省县域粮食产量格局趋同，空间分布呈西低东高变化趋势，总体上形成了以豫西北的焦作市、济源市、郑州市西部和新乡市西部为核心，以安阳市、鹤壁市、开封市和洛阳市伊川县为外围，以豫东、豫南和豫西南地区为边缘的核心—边缘半环形空间结构，县域多维贫困空间关系更加多样，发展差异变化剧烈。

第三，河南省县域多维贫困区域差异特征显著。其中中原经济区各县域社会发展水平多样，多维贫困绝对差距最大；其后依次为豫北、豫西和豫南地区；豫东地区县域多维贫困绝对差距最小，社会发展呈较低水平的空间均衡状态，典型农区粮食主产县域"粮财倒挂"与"粮食与民生倒挂"并存。河南省农村县域社会发展水平显著滞后于城市辖区，典型农区社会发展的城乡差异与沿海发达地区显著不同。

第四，河南省县域社会不平等空间格局及地域差异的形成有着我国社会经济多维转型期深刻的结构性"烙印"，是国家及河南省经济发展、社会政策、空间战略及路径依赖等因素共同驱动的结果。

基于国家粮食安全战略保障需求，要逐步缩小县域多维贫困差距、实现粮食连增背景下农区可持续发展，可采取如下措施。第一，基于农区地域资源禀赋，转变农业生产方式，扶持科技农业发展，逐步扩大经营规模，发展县域经济，提高农村居民收入。第二，提升公共服务水平，尤其是在基础教育、职业教育、住房设施等领域增加投资，科学确定供给规模，合理布局空间，有效缩小城乡差距。第三，提高县域非农人口比重，持续推进典型农区新型城镇化发展。但需要注意的是，农区县域多维贫困内涵远比当前指标体系所能反映的更为丰富，其多维贫困及其空间格局也更加复杂和多样。受数据限制，目前的测度也仅限于县域空间尺度及多层次横向空间比较，对不同典型区域、差异化县域多维贫困水平的时空动态、微观机理、政策嵌入及人地关系优化路径等研究仍有待深入。

第五章
致贫机理： 河南省农户致贫
因素多尺度识别

不同地理环境下农户致贫机理差异显著，多尺度视角识别致贫因素差异及作用机理，有利于推进多样化、区域性减贫方案构建，促进区域精准扶贫与城乡一体化战略。河南省地貌以平原、丘陵、山地为主，本章基于多层线性模型和多维贫困数据，从农户、村、县三个尺度探究不同地理环境下农户致贫因素及其机理差异，发现种植业收入比重、16 岁以下未成年人比重及转移性收入比重高是河南省农户层面的主要致贫因素，村平均高程、村与乡镇政府距离加剧农户致贫因素的作用，县域地形、人均 GDP 及涉农投资与农户贫困水平显著相关，但作用水平及方向因地貌类型不同而异。16 岁以下未成年人比重和医疗费用支出比重高是平原县农户致贫的根源；贫困户家庭种植业收入比重高是山地县农户致贫的关键因素；而在丘陵县，农户家庭经济来源中种植业收入及转移性收入比重高是主要的致贫因素，且距离乡镇政府越远，致贫作用越强。

贫困是一个全球性的重大问题，而消除贫困、改善民生、实现共同富裕是社会主义的本质要求。改革开放以来，我国经济快速发展，人民生活水平持续提高，为缩小贫富差距、实现共同富裕，我国政府在全国范围内开展了大规模且富有成效的扶贫开发工作，为我国全面建成小康社会提供重大战略支撑。然而，我国城乡差距仍呈不断扩大趋势，主要表现为农民人均纯收入增长远远落后于城市人均可支配收入增长，故我国现行扶贫开发工作重点集中于农村贫困。自"精准扶贫"理念提出以来，精准扶贫相关研究增长迅速，其中关于致贫因素的研究也取得了诸多成果（Liu and Li，2017；杨园园等，2016；杨龙和李萌，2017；陈烨烽等，2017），主要集中于全国、集中连片特困地区、民族地区等宏观尺度（王士君等，2017；贾林瑞等，2018；刘彦随，2018），或是基于生态贫困、社会资本、生计资本、物质剥夺等特殊视角（钱贵霞等，2013；杨洋等，2015；Liu et al.，2014），聚焦于自然地理环境、社会制度、资源分配、贫困代际传递等主要致贫因素分析（刘彦随等，2016；蔡慧，2017），和对于某一特定区域的自然环境、社会发展、资源禀赋、文化习俗等致贫主要因素的综合分析（吴传俭，2016）。研究发现，我国农村贫困的发生是地理环境、资源禀赋、制度、基础设施、人力资本、社会保障等多种因素综合作用的结果，其主要致贫因素在不同地貌类型间呈现显著的区域差异性和空间异质性。总体上看，现有成果基于贫困县、村等微观视角的研究相对薄弱且多以某一贫困县、村为例（王艳慧等，2017），基于致贫因素空间异质性认识的不同地理环境下农村贫困的主要致贫因素的对比以及多尺度分析则少有涉及。

本章在对河南省8个县典型区域实地调查和问卷分析的基础上，从农户、村、县三个尺度，通过构建不同地理环境下的多层线性模型，对贫困户的致贫因素进行多尺度比较探究，揭示不同区域的主导致贫因素及地域分异规律，为农村贫困研究及河南省精准扶贫工作提供决策参考。

第一节　研究方法与数据来源

一　研究区域

河南省地处中国中东部黄河中下游地区，地貌类型丰富，是我国重要的粮食主产区，整体经济平稳增长。2016 年，河南省 GDP 突破 4 万亿元（全国排名第 5），粮食产量接近 6000 万吨（全国排名第 2），但由于河南省人口众多，人均资源占有量较少，农村贫困人口聚集现象比较突出。截至 2018 年 4 月底，河南省还有贫困县 50 个，其中国家连片特困地区重点县 25 个，国家扶贫开发工作重点县 11 个，省定扶贫开发工作重点县 14 个，农村贫困人口共计 221 万人。

本章从地貌类型、总人口、GDP、人均 GDP、贫困县类型 5 个方面综合考虑（见表 5-1），共选择 8 个县（郸城县、太康县、民权县、上蔡县、洛宁县、鲁山县、淅川县、新县）作为调查对象，整体上可以反映河南省贫困特征。

表 5-1　2016 年样本县的基本情况

地　区	地貌类型	总人口（万人）	GDP（亿元）	人均 GDP（元）	贫困县类型
郸城县	平原	135.03	221.73	16421.13	省定
太康县	平原	151.00	230.61	15272.17	省定
民权县	平原	92.06	202.47	21993.62	国定
上蔡县	平原	152.56	201.73	13222.69	国定
洛宁县	丘陵	49.13	169.57	34515.14	国定
鲁山县	丘陵	95.33	151.02	15841.73	国定
淅川县	山地	71.86	211.74	29465.84	国定
新　县	山地	36.85	117.94	32005.48	国定

二　研究方法

尺度变化是地理学研究的重要视角，而尺度变化也正反映了研究问题的多水平、多层次结构。每个贫困户居住于一个村庄，每个村庄又属于一个县，由此形成"户—村—县"三层结构。贫困户致贫原因除了自身条件，还包括其生活的村域、县域尺度对其的影响。传统线性回归分析的先决条件是线性、正态、方差齐性以及独立分布，但对于分层的数据而言，方差齐性和独立分布这两点并不成立，因此有必要利用分层线性模型（Hierarchical Linear Models，HLM）来解决这一问题，模型的计算依靠 HLM 7 软件完成。

三　数据来源与处理

本章数据包含户、村、县 3 个尺度，其中户和村数据主要来源于对贫困户及村干部的问卷调查。对于村域、农户样本选择，依据空间分布均匀、贫困发生率分段均衡、特殊群众重点考察等原则，于2016 年 6 月，共调查了河南省 8 个县 69 个行政村，获取未脱贫的贫困农户有效样本数据 1456 份。县域尺度数据则主要来自调查县扶贫数据、县社会经济统计数据及基础地理信息数据。本章结合问卷统计特征、实地调查经验和 HLM 分析特点，在农户尺度主要选择文化程度、家庭人员构成、收入结构、支出结构 4 类指标；在村域尺度选择区位条件、发展基础和发展潜力 3 类指标；在县域尺度选择自然环境、区位条件和经济发展水平 3 类指标。变量解释与描述性统计见表5-2。

在变量选择上，将贫困程度设为因变量，用人均纯收入水平表示，1000 元及以下为深度贫困，赋值 1；1001~2000 元为中度贫困，赋值2；2001~3000 元为轻度贫困，赋值 3；3001 元及以上为脱离贫困，赋值 4。

表 5-2 变量解释与描述性统计

层次	类型	变量名称	解释	中位数	平均值
因变量	贫困程度	*Y*	人均纯收入水平	3	2.6
户	文化程度	*F_EDU*	学历	1	1.3
	家庭人员构成	*F_OLD*	60 岁以上老人比重（%）	25.0	34.3
		F_YOUNG	16 岁以下未成年人比重（%）	0.0	17.1
		F_LABOR	具有劳动能力人口比重（%）	40.0	41.9
		F_FARMER	常年务农人口比重（%）	33.0	40.4
		F_WORKER	常年务工人口比重（%）	0.0	9.4
	收入结构	*F_IN_PLANT*	种植业收入比重（%）	23.0	31.3
		F_IN_WORK	务工收入比重（%）	0.0	25.7
		F_IN_PROP	财产性收入比重（%）	0.0	1.5
		F_IN_TRANS	转移性收入比重（%）	24.0	35.1
	支出结构	*F_OUT_PLANT*	种植业支出比重（%）	7.0	13.5
		F_OUT_LIVE	日常生活支出比重（%）	22.0	27.8
		F_OUT_MED	医疗费用支出比重（%）	31.0	35.9
		F_OUT_EDU	教育支出比重（%）	0.0	13.7
村	区位条件	*V_ALTITUDE*	村平均高程（m）	79.0	173.5
		V_DIS1	村与县政府距离（km）	25.0	28.7
		V_DIS2	村与乡镇政府距离（km）	4.0	5.0
	发展基础	*V_AREA*	村耕地面积（亩）	1782.0	1962.2
		V_POPU	村总人口（人）	1814.5	1952.6
		V_NET	村人均纯收入（元）	4350.0	4600.3
		V_AREA_A	村人均耕地面积（亩）	1.0	1.0
		V_RATE	村贫困发生率（%）	20.7	21.8
	发展潜力	*V_VACANT*	村空闲宅基地比例（%）	4.4	7.4
		V_LABOR	村具有劳动能力人口比重（%）	58.3	55.6
		V_WORKER	村外出务工人口比重（%）	25.3	25.4
县	自然环境	*C_TERRAIN*	地形	—	—
		C_TEMP	年平均气温（℃）	14.7	14.8
		C_PREC	年平均降水量（mm）	771.5	818.3
		C_FROST	无霜日（天）	221.5	222.2
	区位条件	*C_DIS*	与市政府距离（km）	69.0	76.3
	经济发展水平	*C_PGDP*	人均 GDP（元）	19207.4	22342.2
		C_IN	一般财政收入（亿元）	8.0	7.7
		C_OUT	涉农投资（亿元）	4.7	5.4

注：地形划分为"平原"、"丘陵"和"山地"三个类别，对应赋值 1~3。村平均高程根据该村内被调查农户居住地高程值，计算平均值得到。

在农户尺度，影响贫困程度的变量主要分为4个类型。①文化程度。文化程度高低对农业技能学习、外出务工选择和自主创业等都有影响。本章通过贫困户学历来反映其文化程度，学历划分为"小学及以下""初中""高中""职校、中专""本科（大专）及以上"5个类别，对应赋值1~5。②家庭人员构成。家庭人员构成直接反映了贫困户劳动力供给与抚养比等情况，本章选择了60岁以上老人比重、16岁以下未成年人比重、具有劳动能力人口比重、常年务农人口比重、常年务工人口比重5个指标来解释。③收入结构。收入结构反映了贫困户增收能力以及脱贫稳定性，本章将贫困户收入划分为种植业收入、务工收入、财产性收入和转移性收入4类，并分析各类收入比重变化对贫困程度的影响。养殖业收入在调查数据中占比太小，所以忽略了该项收入。④支出结构。支出结构对贫困户家庭纯收入稳定增长有显著影响，本章将贫困户家庭支出划分为种植业支出、日常生活支出、医疗费用支出和教育支出4类，并分析各类支出比重变化对贫困程度的影响。

在村域尺度，影响贫困程度的变量主要分为3个类型。①区位条件。村自然环境影响农业生产，与乡镇政府、县政府距离的差异影响农户就近务工机会。本章选择村平均高程、村与县政府距离、村与乡镇政府距离3个指标来解释村区位条件。②发展基础。本章选择村耕地面积、村总人口、村人均纯收入、村人均耕地面积、村贫困发生率5个指标来解释村发展基础。③发展潜力。本章选择村空闲宅基地比例、村具有劳动能力人口比重、村外出务工人口比重3个指标来解释村发展潜力，空闲宅基地为村后续基础设施建设创造可能，而劳动力与务工人口多则为村农业产业化与自主创业创造可能。

在县域尺度，影响贫困程度的变量主要分为3个类型。①自然环境。自然环境对县域特色种养业发展影响深远，本章选择地形、年平均气温、年平均降水量和无霜日 4 个指标来解释县自然环境。②区位条件。距市政府距离的差异影响该县受经济辐射的程度。③经济发展水平。县域经济发展对基础设施的改善、农业发展的投入会间接影响贫困户增收，本章选择人均 GDP、一般财政收入和涉农投资 3 个指标来解释县经济发展水平。

第二节　河南省农户致贫因素多尺度分析

一　全样本数据统计特征

结合表 5-2 中各指标描述性统计量，可以归纳出户、村、县不同尺度基本统计特征。

贫困户特征包括：①贫困程度较轻，该指标平均值为 2.59，即整体贫困水平介于轻度贫困和脱离贫困之间；②学历偏低，72.3%的农户学历为小学及以下，24.9%的农户学历为初中，贫困户文化程度明显偏低；③劳动力短缺，48.2%的农户家庭具有劳动能力人口比重低于 1/3，劳动力短缺问题突出；④转移性收入比重普遍较高，平均值达到 35.1%，高于种植业收入和务工收入比重的平均值；⑤医疗费用支出比重普遍较高，平均值达到 35.9%，高于日常生活支出、教育支出和种植业支出比重的平均值。

村域特征包括：①区位条件好，村平均高程低于 200m，与乡镇和县政府距离都较近，分布相对集中；②发展基础差，村人均耕地面积平均值不足 1 亩，人均纯收入平均值不足 5000 元，贫困发生率平均值高于 20%；③发展潜力大，超过 1/4 的人外出务工，村空闲宅基地比例平均值为 7.4%，未来可利用潜力大。

县域特征包括：①自然环境优越，年平均气温和年平均降水量均较高，全年近 2/3 的时间为无霜日，整体环境适宜农业生产；②区位条件好，与市政府距离较近；③经济发展相对落后，8 个样本县 GDP 与人均 GDP 水平均显著低于全省平均水平。

综上所述，虽然贫困户自身内生动力不足是致贫的主要因素，但是贫困户所生活的村、县存在发展基础差、经济水平落后等情况，这在一定程度上影响贫困户稳定脱贫，由此反映出对户、村、县三个尺度进行分层分析的必要性。

二 "户—村—县"三层线性模型分析

1. 零模型分析

零模型（不包含任何自变量的三层线性模型）随机效应的最终估计结果显示，三个层次方差成分分别为 0.907、0.117 和 0.082。由此可知，方差成分最大的是户层，村层和县层变异的比例分别为 10.5%（0.117/0.907+0.117+0.082）和 7.3%（0.082/0.907+0.117+0.082）。以上数据表明，不仅是户层，村层和县层同样有必要在模型中增加新的、有助于解释大量观察值方差的变量。

2. 三层线性模型分析

本节构建"户—村—县"三层模型如下所示[1]，其中，户层包含 7 个自变量，村层包含 5 个自变量，县层包含 3 个自变量。

（1）户层：

$$Y = \pi_0 + \pi_1(F\_YOUNG) + \pi_2(F\_WORKER) + \pi_3(F\_IN\_PLANT) + \\ \pi_4(F\_IN\_WORK) + \pi_5(F\_IN\_TRANS) + \pi_6(F\_OUT\_PLANT) + \qquad (1) \\ \pi_7(F\_OUT\_LIVE) + e$$

（2）村层：

$$\pi_0 = \beta_{00} + \beta_{01}(V\_AREA) + r_0 \qquad (2)$$

---

[1] 第二层和第三层模型中部分变量没有列出，是因为上一层统计检验表明，这些变量方差检验并不显著，无须针对该变量构建下一层模型，所以省略相关公式。

$$\pi_3 = \beta_{30} + \beta_{31}(V\_ALTITUDE) + \beta_{31}(V\_NET) + r_3 \qquad (3)$$

$$\pi_4 = \beta_{40} + \beta_{41}(V\_POPU) + r_4 \qquad (4)$$

$$\pi_5 = \beta_{50} + \beta_{51}(V\_AREA) + \beta_{51}(V\_AREA\_A) + r_5 \qquad (5)$$

（3）县层：

$$\beta_{00} = \gamma_{000} + \gamma_{001}(C\_TERRAIN) + \gamma_{002}(C\_PGDP) + u_{00} \qquad (6)$$

$$\beta_{50} = \gamma_{500} + \gamma_{501}(C\_TERRAIN) + \gamma_{502}(C\_OUT) + u_{50} \qquad (7)$$

模型的固定效应与随机效应最终估计结果显示（见表5-3），户层加入的7个自变量均与因变量存在显著线性关系；村层加入的5个自变量同样表现出显著的线性关系，且方差成分存在不同程度下降，表明新加入的变量能够解释因变量在村层的变异；县层加入的3个自变量虽然未通过T检验，但是方差成分进一步下降。对于HLM分析而言，方差成分变化才是反映变量解释率的重要指标。因此，县层加入的变量同样可以解释因变量在县层的变异。

根据表5-3中的回归系数，可以逐层分析不同变量之间的关系。

表5-3 "户—村—县"三层模型最终估计结果

固定效应				随机效应		
变量	系数	标准误	T检验	变量	方差变化	解释率
截距	1.424	0.684	2.081*	r_0	0.117→0.116***	0.9%
				u_{00}	0.082→0.059***	28.1%
村耕地面积	0.000	0.000	-1.797*			
地形	0.172	0.158	1.090			
人均GDP	0.000	0.000	1.813			
16岁以下未成年人比重	-0.619	0.114	-5.440***			
常年务工人口比重	0.400	0.157	2.554***			
种植业收入比重	-1.066	0.198	-5.374***	r_3	0.666→0.327**	50.9%

续表

固定效应				随机效应		
变量	系数	标准误	T检验	变量	方差变化	解释率
村平均高程	−0.002	0.001	−2.131 **			
村人均纯收入	0.000	0.000	1.778 *			
务工收入比重	0.620	0.149	4.157 ***	r_4	0.088→0.076 **	13.6%
村总人口	0.000	0.000	3.232 ***			
转移性收入比重	−0.639	0.376	−1.700	r_5	0.163→0.092 ***	43.6%
				u_{50}	0.003→0.001	66.7%
村耕地面积	0.000	0.000	2.885 ***			
村人均耕地面积	−0.918	0.314	−2.922 ***			
地形	−0.147	0.177	−0.830			
涉农投资	0.111	0.088	1.254			
种植业支出比重	0.492	0.189	2.598 ***			
日常生活支出比重	0.251	0.108	2.318 **			
贫困程度（因变量）	—	—	—	e	0.907→0.742	18.2%

注：* 表示 $0.05 \leqslant P < 0.1$、** 表示 $0.01 \leqslant P < 0.05$、*** 表示 $P < 0.01$，方差变化一列指的是卡方检验。表中部分数据为 0.000 主要是由于模型层次增加，回归系数数量级下降，在保留三位小数的情况下未能完全显示。

　　针对户层，16岁以下未成年人比重、种植业收入比重、转移性收入比重均与贫困程度呈负相关关系，表明较高的抚养比、对种植业收入的依赖和内生动力不足是贫困户主要致贫因素。与之对应的，务工则是贫困户减贫的主要手段。对于部分以种植业收入为主而非以务工收入为主的农户，支出结构中种植业支出自然占比较大。日常生活支出比重增加，可以在一定程度上理解为生活条件的改善，从侧面反映了减贫成效。

　　针对村层，新加入的自变量通过增强（上下层变量系数符号相同）或削弱（上下层变量系数符号相反）户层自变量与因变量的关系，间接影响贫困程度。村平均高程越大，越不利于发展种植业，促使外出务工人员增加，农户种植业收入比重下降，务工收入比重提高，有利于贫困户减贫。人均纯收入较高的村，一般农民外出务工比例高，削弱了家庭经济来源对种植业收入的依赖，强化了外出务工的减贫作用。人均耕地面积的增加，会提高农户粮食产量，同时增加转移性收入，便于农业生产规模化经营，增加农村剩余劳动力，扩大外出务工人口规模，有利于增加家庭收入。村耕地面积越大，农业发展基础越好，依赖种植业收入的农户会越多，从而使得转移性收入比重提升，但从整体来看不利于减贫。

针对县层，地形、人均 GDP、涉农投资 3 个变量的加入，使得模型方差进一步下降，表明贫困户贫困程度在县层的差异主要体现在这 3 个方面，特别是地形因素对模型因变量与转移性收入比重的固定效应具有解释作用。一般而言，人均 GDP 与涉农投资反映了县域经济发展水平，对农户致贫有影响，而地形差异所导致的村自然资源、基础设施、生活方式等方面的差异，会进而导致不同地貌类型县域内的贫困户致贫机理有所不同。因此有必要依据不同地貌类型进行致贫因素及机理对比分析。

第三节　河南省农户致贫因素多尺度识别

依据表 5-1 对 8 个县地貌类型的划分，本节分别对平原、丘陵、山地地区构建了"户—村"两层模型。模型的方差成分显示（见表 5-4），不同地貌类型县村层方差解释率均超过 10%，表明有必要建立两层模型进行分析。其中，山地地区村层的方差解释率最大，表明其对贫困程度的影响可能更突出。不同地貌类型县"户—村"两层模型最终估计结果如表 5-5 所示，从统计检验来看，各模型中加入的变量都表现出显著的线性关系。对比表 5-3 和表 5-5 可以发现，不同类型县之间，以及不同类型县与全部样本之间，在户层、村层变量的选择上均有所差异。特别地，对于同一个变量，在不同类型县与全部样本之间的估计结果甚至出现作用相反的情况。对于以上显著差异，需要结合不同类型县的地理环境展开深入探讨。

表 5-4 不同地貌类型县"户—村"两层模型方差成分

地貌类型	尺度	方差	解释率（%）
平原	户层	0.848	85.4
	村层	0.145	14.6
丘陵	户层	0.759	89.7
	村层	0.087	10.3
山地	户层	1.036	74.7
	村层	0.350	25.3

表 5-5 不同地貌类型县"户—村"两层模型最终估计结果

	固定效应				随机效应		
地貌	变量	系数	标准误	T 检验	变量	方差变化	解释率
平原	截距	2.32	0.206	11.247***	r_0	0.145→0.122***	15.86%
	村与县政府距离	0.01	0.003	3.584***			
	村与乡镇政府距离	-0.035	0.014	-2.392**			
	60 岁以上老人比重	0.408	0.099	4.132***			
	16 岁以下未成年人比重	-0.436	0.195	-2.233**			
	常年务工人口比重	0.604	0.224	2.694***			
	种植业收入比重	1.339	0.582	2.302**	r_4	0.507→0.180**	64.50%
	村耕地面积	-0.001	0.000	-3.225***			
	务工收入比重	2.044	0.233	8.769***	r_5	0.273→0.163***	40.29%
	村外出务工人口比重	-3.046	0.813	-3.746***			
	医疗费用支出比重	-0.304	0.134	-2.272**			
	贫困程度（因变量）	—	—	—	e	0.848→0.679	19.93%

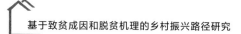

续表

地貌	变量	系数	标准误	T检验	变量	方差变化	解释率
		固定效应			**随机效应**		
丘陵	截距	2.572	0.138	18.644***	r_0	0.087→0.080***	8.05%
	村与乡镇政府距离	-0.015	-0.015	-3.336***			
	60岁以上老人比重	0.752	0.111	6.789***			
	村具有劳动能力人口比重	0.707	0.15	4.718***			
	种植业收入比重	-3.22	0.626	-5.140***	r_3	0.821→0.711**	13.40%
	村与乡镇政府距离	-0.072	0.029	-2.523**			
	村贫困发生率	3.742	1.198	3.122**			
	转移性收入比重	-0.852	0.247	-3.448***			
	种植业支出比重	0.515	0.315	1.637*			
	贫困程度(因变量)	—	—	—	e	0.759→0.510	32.81%
山地	截距	3.256	0.245	13.282***	r_0	0.350→0.263***	24.86%
	村人均耕地面积	-1.12	0.335	-3.345***			
	村空闲宅基地比例	3.046	0.943	3.231***			
	村具有劳动能力人口比重	0.15	0.047	3.223***			
	种植业收入比重	-4.956	0.737	-6.729***	r_2	1.583→0.613***	61.28%
	村人均纯收入	0.000	0.000	3.415***			
	村贫困发生率	5.792	1.275	4.543***			
	务工收入比重	0.35	0.144	2.433**	r_3	0.071→0.064***	9.86%
	村与县政府距离	0.002	0.001	2.112**			
	村贫困发生率	-0.771	0.355	-2.173**			
	村空闲宅基地比例	1.693	0.648	2.612**			
	转移性收入比重	1.351	0.354	3.815***	r_4	0.137→0.099***	27.74%
	村人均耕地面积	-2.119	0.469	-4.517***			
	村总人口	0.000	0.000133	-2.578**			
	种植业支出比重	2.236	0.713	3.137***	r_5	3.466→1.511	56.41%
	村人均耕地面积	-1.82	0.728	-2.117**			
	贫困程度(因变量)	—	—	—	e	1.036→0.897	13.42%

注：* 表示 $0.05 \leqslant P < 0.1$、** 表示 $0.01 \leqslant P < 0.05$、*** 表示 $P < 0.01$，方差变化一列指的是卡方检验。表中部分数为 0.000 主要是因为模型层次增加，回归系数数量级下降，在保留三位小数的情况下未完全显示。

一 平原地区

针对户层，有 6 个变量加入，其中 16 岁以下未成年人比重、医疗费用支出比重均与因变量呈负相关，即较高的抚养比与过高的医疗费用会加深农户贫困程度。60 岁以上老人比重与因变量呈正相关，表明家庭成员中老年人比重高并非"坏事"，对于平原地区，老年人农业种植经验丰富，反而是家庭主要劳动力。与全部样本数据分析结果明显不同的是，平原地区种植业收入比重与因变量呈正相关，即平原地区人均耕地面积大，农业发展基础好，种植业是家庭最重要的收入来源，农业种植有利于贫困户增收减贫。

针对村层，重点分析种植业收入比重、务工收入比重与贫困程度之间关系在村层的表现。根据实地调查，村庄土地面积越大越有利于村内土地流转，缩小家庭平均农业种植面积，降低种植业收入比重。由于平原地区种植业是家庭最重要收入来源，农业种植有利于贫困户增收减贫，但土地流转降低了农户对农业种植收入的依赖，促进收入来源多样化。此外，在土地资源充足的村庄，有 51.23% 农户家庭主要收入为"务农+务工"的兼业模式（农忙时务农、农闲时务工），有 22.78% 的贫困户选择就近务工，以便于务农和兼顾家庭，增加家庭收入。

二 丘陵地区

在丘陵地区的"户—村"模型中，60 岁以上老人比重、村具有劳动能力人口比重、种植业收入比重、转移性收入比重及种植业支出比重 5 个变量进入农户尺度模型。其中，种植业收入比重、转移性收入比重与农户贫困程度呈显著负相关，是丘陵地区农户的主要致贫因素。究其原因，丘陵地区人均耕地少且细碎，农业发展条件差，贫困户对传统种植业收入及转移性收入依赖程度高，导致农户家庭收入增长乏力，陷入贫困。在丘陵地区，村域尺度因素对农户贫困程度的方差解释率最小（10.3%）（见表5-4），仅村与乡镇政府距离、村贫困发生率2个变量进入模型，其中村与乡镇政府距离是农户的重要致贫因素，其原因在于村庄距离乡镇政府驻地越远，其农户就近务工或兼业机会就越少，削弱了收入多样化，加剧了贫困户对种植业收入的依赖。

三　山地地区

山地地区"户—村"模型显示，种植业收入比重、具有劳动能力人口比重、务工收入比重、转移性收入比重、种植业支出比重5个变量进入农户尺度模型。其中种植业收入比重与贫困程度呈显著负相关，是山地地区农户主要致贫因素。而且模型结果显示，种植业收入比重变量的回归系数绝对值是所有变量中最大的，表明山地地区人均耕地规模小，传统种植业收入依赖对农户增收减贫具有显著的阻碍作用。但与其他地区不同的是，山地地区林地资源丰富，便于特色种植业发展，如新县的油茶、淅川县的花椒等，发展基础好、种植范围广，是农户增收的重要渠道；同时规模化特色种植能够持续为农户带来惠农补贴等转移性收入，因此转移性收入比重、种植业支出比重均与农户收入水平呈正相关，具有增收减贫作用。

在山地地区，村域尺度因素对农户贫困程度的方差解释率最大（25.3%），其中村人均耕地面积、村空闲宅基地比例、村人均纯收入、村贫困发生率、村与县政府距离、村总人口6个变量进入模型，其中人均耕地面积通过削弱转移性收入比重和种植业收入比重对农户家庭收入的增加作用、村贫困发生率通过削弱务工收入比重对农户家庭收入的增加作用，进而影响山地地区贫困户增收减贫。结合实地调查可知，山地地区耕地资源不足，林地资源开发和特色种植业规模化，是非外出务工贫困户增收减贫的主要途径；山地地区村贫困发生率高的行政村多区位偏远、基础设施相对匮乏，且疾病及残障居民占比较高，较大部分的农户外出务工收入被家庭成员日常生活及就医所消耗，削弱外出务工收入对农户家庭增收减贫的促进作用。

第四节　河南省农户致贫因素的尺度差异

一　农户致贫因素多尺度差异

分层模型运行中变量选择及作用方向分析结果表明，不同地理环境下农户的致贫因素存在显著的尺度差异。在农户尺度，种植业收入比重变量进入不同地貌类型县的"户—村"模型运算，其中平原地区因土地资源丰富、农业生产基础条件较好，种植业收入比重与农户收入呈正相关，促进农户增收减贫；而在丘陵、山地地区，种植业收入比重与农户收入呈显著负相关，是重要的致贫因素。另外，16 岁以下未成年人比重与医疗费用支出比重是平原类型县主要致贫因素；种植业收入比重与转移性收入比重是丘陵地区主要致贫因素，与农户家庭收入呈显著负相关；而山地类型县，农户主要致贫因素是家庭收入对种植业收入的依赖。在村域尺度，村耕地面积、村外出务工人口比重通过抑制农户家庭种植业收入和务工收入对农户家庭的增收作用，来影响平原类型县农户的增收减贫；村与乡镇政府距离加剧了丘陵地区农户家庭对种植业收入依赖的致贫作用；而在山地地区，村人均耕地面积通过削弱种植业支出，降低了农户家庭种植业收入；村贫困发生率因素通过抑制农户外出务工机会、减少务工收入，成为农户增收减贫的重要影响因素。在县域尺度上，地形因素通过影响村人均耕地面积，加剧了农户对转移性收入依赖的致贫作用，而涉农投资则通过增加人均耕地面积及转移性收入比重，提升农户家庭收入水平。

二 农户致贫机理比较

河南省及其不同地理环境类型农户致贫因素及机理比较如图5-1所示。县域尺度是农户致贫因素研究的重要尺度，其地形地貌及涉农投资等农业发展政策是农户家庭经济贫困及形成区域"贫困空间陷阱"的宏观背景。就中部农区整体而言，传统农业生产方式对大规模人力资源的依赖导致农户家庭维持负担重、农业生产效益低，农户家庭收入不高。但不同地貌类型农户致贫机理存在显著差异。在山地地区，人均耕地规模小、布局分散，抑制种植业投入，不利于农业生产的规模化，导致农户家庭增收能力弱。"务工+务农"的兼业生产模式是平原地区农户家庭稳定增收的有效途径，但部分村与乡镇政府距离较远及家庭医疗负担较重的农户，"务工+务农"的兼业经营模式受到抑制，这影响其家庭增收减贫。在丘陵地区，种植业收入比重低、16岁以下未成年人比重高，影响农户家庭增收减贫，村与乡镇政府距离加剧了种植业收入依赖的致贫作用。因此，中部农区农户贫困总体上是县域地形地貌、村平均高程和村人均耕地面积等自然条件与县农业发展政策、惠农补贴方式及区域农户生产生活方式等人文要素共同作用的结果。就脱贫路径而言，外出务工是贫困户家庭增收减贫的重要途径，同时结合区域差异发展特色和规模化农业种植，辅之以高效的惠农支持，也能够实现农户家庭的增收脱贫，助推农区稳定脱贫与乡村可持续发展。

第五节 本章小结

本章以河南省为例，借助分层线性模型和"户—村—县"三级空间尺度数据，结合平原、丘陵和山地三种地貌类型，分别构建"户—村—县""户—村""户—县"分层线性模型，研究河南省不同地理环

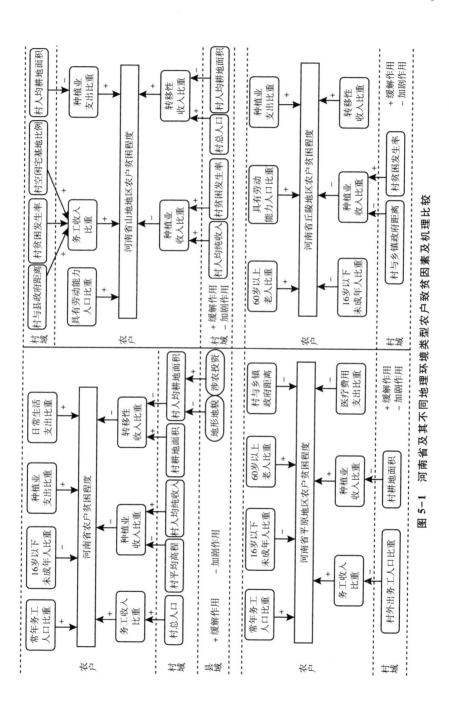

图 5-1 河南省及其不同地理环境类型农户致贫因素及机理比较

境类型农户致贫因素的多尺度差异及致贫机理，得到以下三点结论。

（1）河南省农户致贫因素存在显著尺度差异，其中农户尺度因素总体上解释了82%的方差变异，村和县尺度因素分别解释了10.6%和7.4%的致贫原因。就不同地貌类型县而言，平原、丘陵、山地地区农户尺度的方差变异解释率分别为85.4%、89.7%和74.7%，村域尺度方差变异解释率分别为14.6%、10.3%和25.3%，这表明河南省农户主要致贫因素在于农户尺度，村域尺度对农户致贫具有重要的影响作用，而县域尺度对农户致贫的影响作用相对较小。

（2）不同地理环境类型农户的致贫因素不同，且同一要素对不同地貌类型县农户的作用方式差异显著。16岁以下未成年人比重、种植业收入比重和转移性收入比重高是河南省贫困农户的主要致贫因素。在平原地区，农户的直接致贫因素是16岁以下未成年人比重及医疗费用支出比重高，种植业发展对农户家庭增收脱贫具有重要作用；而在丘陵和山地地区，种植业收入比重高是农户致贫关键因素。转移性收入是丘陵和山地地区农户家庭增收的重要方式，而在平原地区不显著。

（3）中部农区县域地形地貌及涉农投资是农户家庭经济贫困的宏观背景；传统农业种植、家庭维持负担及惠农补贴成效有限是农户致贫的个体因素；村平均高程及村人均耕地面积加剧了个体因素的致贫作用。可见中部农区农户贫困及区域"贫困空间陷阱"的形成是地形地貌、村平均高程和村人均耕地面积等区域自然条件与县农业发展支持政策、惠农补贴成效及区域农户生产生活方式等人文要素共同作用的结果。

基于上述实证研究，有如下三方面值得注意。

（1）分层线性模型能够较好地实现不同尺度、不同地貌类型农户致贫因素及其作用机制的识别，但其结果与基于数据统计的特征存在差异。这一方面表明数据模型研究有助于揭示乡村贫困变化规律，为地方政府减贫政策的制定提供理论支撑；另一方面，后续应该分类开展不同地理环境下县域、村域的微观实证研究，以验证和拓展基于宏观尺度的研究认识，从而更好地服务减贫决策。

（2）农户尺度因素是农户致贫的最主要"贡献者"，且因地理环境差异而不同。因此区域减贫政策制定不但要强调区域差异性，更要强调贫困农户的主体地位，完善农户需求导向的"自下而上"减贫政策构建模式，以提升减贫政策实施成效。

（3）在全样本的"户—村—县"三个尺度模型构建中，大部分变量没有被纳入模型运算，原因一方面是样本量较大，部分变量值为0；另一方面是山地、丘陵和平原三种地貌类型的划分方式导致同一省份地貌类型区分度不太大。进一步研究应该跳出河南省，在更大尺度上进行不同地理环境类型的致贫因素及机理比较，以拓展区域乡村贫困的研究。

第六章
成因比较: 大别山与黄土高原
"空间贫困陷阱" 分异

不同地理环境下致贫因素及贫困发生机理差异研究可以为不同地理环境下精准扶贫提供重要参考。本章以大别山区的新县和黄土高原地区的延长县为例,以贫困发生率为因变量,从"人、业、地"三个维度选取自变量,综合运用空间自相关和地理探测器等方法,解析不同地理环境下贫困空间分异模式与作用机制,为区域减贫路径选择及贫困分异研究提供借鉴。不同自然地理环境下农户致贫因素和贫困发生机理存在较大差异,分析对比同一尺度、不同地理环境下农村致贫因素和分异模式及作用机制可以更加清晰地认识地域贫困的突出问题以及综合地域贫困的共性问题。

关于致贫原因，国内外专家学者开展了大量理论与实证研究。内容上，包括贫困的成因、时空演化特征、形成机理、减贫路径、减贫经验启示等（周扬和李寻欢，2019；李玉恒等，2019；张远新和董晓峰，2021）；视角上，从以收入为主要参考的单一维度逐渐转向教育、健康、居住、社会保障等多维贫困视角（文琦等，2018）；尺度上，国家、省、市、县、乡、村、农户尺度均有涉及（周扬和李寻欢，2019；李玉恒等，2019；张远新和董晓峰，2021），且村—户、县—村—户等多尺度研究逐渐增多（高军波等，2019）；方法上，地理加权回归、多层线性模型、地理探测器模型、空间滞后模型等计量模型被广泛运用（潘竟虎和冯娅娅，2020；葛咏等，2021）。随着贫困研究的深入，空间贫困成为学者关注的重点之一。在空间贫困理论指导下，大量学者基于经济、社会和环境三个维度来构建空间贫困地理资本指标体系，开展空间贫困识别方法、分异特征、形成机理等相关研究（赵春雨等，2020；刘倩等，2020；刘小鹏等，2017）。总体来看，现有贫困研究取得了丰富的理论和实践认知，但现有研究多以单一区域为主，关于同一尺度不同地区的比较研究尚不多见（高军波等，2019）。

本章选取大别山区和黄土高原地区的两个脱贫攻坚重点县，运用空间自相关检验"空间贫困陷阱"的存在，并利用地理探测器模型探测不同地理环境下"空间贫困陷阱"成因和贫困机理差异，以期为区域减贫路径选择及贫困分异研究提供借鉴。

第一节　研究区域

新县位于河南省南部大别山腹地，鄂豫两省交界处，属亚热带向暖温带过渡地带，总面积 1612 平方千米。大别山主脉呈东西方向经过新县境内，形成东、中、西三个高峰区，构成 W 形地势。新县由大别山主脉形成分水岭，以北属淮河流域、以南属长江流域，水网交错。新县林业用地有 10.8 万公顷，耕地仅有 1.32 万公顷，人均耕地为 0.037 公顷，是以林业为主的山区县，被形容为 "七山一水一分田，一分道路和庄园"。新县下辖 5 个镇、10 个乡、1 个街道，共 205 个行政村，2017 年总人口为 37 万人。新县属于国家连片特困地区重点县，贫困人口规模庞大，贫困程度深，2014 年精准识别建档立卡贫困户 12308 户，共 41829 人，贫困发生率为 14.9%。

延长县位于陕西省东北部的黄土高原地区，地处黄土高原丘陵沟壑区，属暖温带大陆性季风气候，总面积为 2368.7 平方千米。延长县地势由西北向东南倾斜，南北高，中间低，境内沟壑纵横，塬、梁、峁三大地貌类型相间分布，延河由西北向东南横贯延长县流入黄河，水系单一。延长县内土地资源丰富，以黄绵土和黑垆土为主的土壤土层深厚，光照充足，光热昼夜温差约为 20℃，农业以林果种植业为主。截至 2017 年底，延长县下辖 1 个街道、7 个镇，共 159 个行政村，总人口为 15.8 万人。延长县属国家扶贫开发工作重点县，发展基础差，贫困人口规模大，全县共有 83 个贫困村，2014 年建档立卡贫困户 8955 户、贫困人口 19909 人，贫困发生率为 11.86%。

第二节　研究方法及数据来源

一　研究方法

1. 全局空间自相关

全局空间自相关是研究对象间整体的相关性，主要指标有莫兰指数（Moran's I）、吉尔里系数（Geary's C）和热点分析 G 指数（Getis-Ord G）。本章采用全局 Moran's I 指数（高军波等，2019），计算公式如下：

$$\text{Moran's I} = \frac{\displaystyle\sum_{i=1}^{n} \sum_{j=1}^{n} W_{ij}(Y_i - \overline{Y})(Y_j - \overline{Y})}{S^2 \displaystyle\sum_{i=1}^{n} \sum_{j=1}^{n} W_{ij}} \tag{1}$$

$$S^2 = \frac{1}{n} \sum_{i=1}^{n} (Y_i - \overline{Y})^2 \tag{2}$$

$$\overline{Y} = \frac{1}{n} \sum_{i=1}^{n} Y_i \tag{3}$$

式中，n 为样本量，即空间单元个数；W_{ij} 为空间权重；Y_i 和 Y_j 分别为单元 i、j 的贫困发生率；$\overline{Y}$ 为空间单元贫困发生率均值；S^2 为贫困发生率的方差。Moran's I 的取值范围是 $[-1, 1]$，取值大于 0 时表明贫困发生率存在空间正相关，小于 0 时表明贫困发生率存在空间负相关，等于 0 时表明贫困发生率呈独立随机分布。通过 Z 值对全局 Moran's I 进行显著性检验，计算公式如下（王劲峰和徐成东，2017）：

$$Z(I) = \frac{I - E(I)}{\sqrt{Var(I)}} \tag{4}$$

式中，$E(I)$ 为全局 Moran's I 的期望值，$Var(I)$ 为全局 Moran's I 的方差，$Z(I)$ 用来检验全局 Moran's I 的显著性水平。

2. 局部空间自相关

局部 Moran's I 用于检验贫困发生率的局部空间自相关性，局部 Moran's I 计算公式如下（张向敏等，2020）：

$$I_i = \frac{(Y_i - \overline{Y})}{S^2} \sum_{j=1} W_{ij}(Y_j - \overline{Y}) \tag{5}$$

式中，I_i 表征局部自相关系数，局部 Moran's I 的显著性水平同样用 $Z(I)$ 来检验，$Z(I)$ 计算公式同公式（4）。局部 Moran's I>0 且通过显著性检验，表示存在"高—高"集聚区或"低—低"集聚区；局部

Moran's I<0 且通过显著性检验，表示存在"高—低"集聚区或"低—高"集聚区。

3. 地理探测器

地理探测器是探测地理空间分异并揭示其背后驱动力的一组统计学方法，可以通过比较变量的方差来探测其空间分异性，也可以根据两个变量在空间分布上的一致性来探测二者之间的统计关联性（王劲峰和徐成东，2017；石天戈和时卉，2021）。本章主要应用因子探测功能与交互探测功能，探测贫困空间分异的自变量（影响因素）和因变量（贫困发生率）间的交互作用，表达式如下：

$$q = 1 - \frac{\sum_{h=1}^{L} n_h \sigma_h^2}{n \sigma^2} = 1 - \frac{SSW}{SST} \tag{6}$$

式中，h 为贫困发生率 Y 或影响因素 X 的分层，$h = 1, 2, \cdots, L$；n_h 和 σ_h^2 分别为层 h 内的单元数和层内的 Y 值方差；n 和 σ^2 分别为研究区内的单元数和全区 Y 值方差；SSW 为层内方差和；SST 为全区总方差；q 为自变量对因变量的贡献力，值域为 [0，1]，值越大，影响因素对贫困发生率的贡献力越强。

二 因子选择及数据来源

区域贫困的发生往往受自然环境、社会环境、资源禀赋、生计资本、区位条件和经济活力等多种因素共同作用。现有研究立足人地关系地域系统将区域贫困的构成要素归纳为主体性要素"人"、中介性要素"业"和客体性要素"地"，从"人""业""地"3 个维度来分析"空间贫困陷阱"的形成机制。本章结合新县、延长县地域特点以及调研数据从"人""业""地"3 个维度 14 个指标构建了区域"空间贫困陷阱"成因探测指标体系（见表 6-1）。

表 6-1　区域"空间贫困陷阱"成因探测指标体系

维度	类型	指　　标
人 （主体）	抚养负担	家庭患大病人口比重（X11）
		家庭 15 岁以下儿童人口比重（X12）
	人力资本	小学以上学历比重（X13）
	自然资本	人均耕地面积（X14）
业 （中介）	产业结构	收入结构中种植业收入比重（X21）
		收入结构中务工收入比重（X22）
	经济水平	人均纯收入（X23）
地 （客体）	区位条件	与道路距离（X31）
		与河流距离（X32）
		与县政府距离（X33）
		与乡镇政府距离（X34）
	地形地貌	高程（X35）
		坡度（X36）
	要素禀赋	村总人口（X37）

在"人"这一维度，农户作为贫困的主体，其可持续生计能力是决定贫困是否发生的关键要素，受教育水平、健康状况和家庭负担构成农户的人力资本，耕地、林地等自然资源则构成影响农户生计的自然资本（罗必良，1991）。根据数据可得性，本章采用家庭患大病人口比重、家庭 15 岁以下儿童人口比重、小学以上学历比重和人均耕地面积作为反映农户生计资本拥有情况的成因探测指标。在"业"这一维度，农户产业结构和经济水平反映的产业发展能力是区域贫困发生的重要影响因素。贫困地区产业发展困难，农户收入来源以种植业和外出务工为主，因此本章采用收入结构中种植业收入比重、收入结构中务工收入比重和人均纯收入作为成因探测指标。在"地"这一维度，区位条件和地形地貌在区域层面上具有非易变性，是"空间贫困陷阱"存在的关键原因（刘情等，2020），本章用与县政府距离、与乡镇政府距离、与河流距离、与道路距离来代表区位条件，以高程、坡度来代表地形地貌；区域资源要素的多样性使得难以用少量指标

对区域要素禀赋进行定量描述，在区域要素的有限性制约下，人口数量是影响要素人均占有量的关键因素，因此用村总人口来反映要素禀赋。

新县和延长县村总人口、农户属性、耕地资源等数据分别从当地政府相关部门获取；人均耕地面积由村总人口、耕地资源面积计算得出；贫困户人均纯收入、收入结构中种植业收入比重、收入结构中务工收入比重、家庭患大病人口比重、家庭 15 岁以下儿童人口比重和小学以上学历比重根据实地调研数据计算得出。根据地理探测器要求，本章建立 1km 间隔数据点，将数据赋值到 1km 间隔数据点，利用 ArcGIS 空间临近分析法，分别计算各数据点与县主要道路、县主要河流、县政府、乡镇政府的距离，并从国家地理信息中心获取 DEM 数据，进行空间数据处理得出坡度和高程。

第三节　大别山区和黄土高原地区贫困空间分布差异

全局自相关结果显示，新县贫困发生率的全局 Moran's I 值为 0.735、延长县贫困发生率的全局 Moran's I 值为 0.927，均通过 0.1% 显著性检验，表明新县和延长县贫困人口均具有显著的高贫困地区集聚或低贫困地区集聚的空间分布特征，即可能存在显著的"空间贫困陷阱"。基于此，本章采用局部 Moran's I 进一步揭示大别山区和黄土高原地区是否真实存在明显的"空间贫困陷阱"，并分析其具体分布情况。

一　大别山区："点状"和"团块状"相间分布

新县贫困空间分布以"高—高"集聚为主，在东南部、东北部和西部距离县城较远且交通不便的山区呈明显的团块状分布，在其他地区则呈点状和小型团块状零散分布，空间贫困面积共 226 平方千米，占县域面积的 14.0%，表明新县贫困发生率较高的地区存在集聚并相互影响，形成"空间贫困陷阱"。此外，新县贫困还存在"低—低"集聚特征，主要分布在县城周围，这一方面说明新县县域经济为单核发展，由中心向外经济水平逐渐下降；另一方面说明新县县域经济发展水平较高，对周边地区存在"涓滴效应"，即贫困发生率较低的地区间存在正向促进作用。

二　黄土高原："团块状"集聚特征明显

延长县空间贫困"高—高"集聚特征更为显著、集中，在县域北部、南部山区和距离县城较远的东北部、西南部山区形成了4个明显的集聚团块，仅个别地区出现点状分布，贫困空间面积共计463平方千米，占县域面积的比重达到19.6%，表明延长县贫困发生率高的地区集聚明显，且地区间存在更为显著的相互影响作用，"空间贫困陷阱"更为突出。此外，延长县贫困还存在"低—低"集聚特征，主要分布在县城和乡镇政府驻地周围，尤其是在乡镇政府驻地附近形成了更加明显的团块状分布态势，表明贫困发生率低的地区间存在正向促进作用，延长县乡镇经济对周边地区存在明显的带动作用。

三　"空间贫困陷阱"集聚特征差异显著

大别山区和黄土高原地区贫困空间集聚明显，且形成"空间贫困陷阱"，但其集聚度和空间分布结构存在显著差异。集聚度上，黄土高原地区显著高于大别山区，其中，新县贫困发生率的全局Moran's I值为0.735，延长县全局Moran's I值则高达0.927。"空间贫困陷阱"分布上，新县"空间贫困陷阱"分布相对较为分散，点状和团块状分布并存，块均面积为12.6平方千米；延长县"空间贫困陷阱"则团块状集中连片分布特征明显，块均面积高达66.1平方千米，表明黄土高原地区"空间贫困陷阱"作用更加显著。新县低贫困发生率集聚的区域主要分布在县城附近，延长县低贫困发生率集聚的区域则较为分散，这主要是由于新县以单核心发展为主，县城对周边的带动作用更加显著；而延长县则受地形地貌制约，县城辐射能力相对较弱。

第四节　大别山区和黄土高原地区"空间贫困陷阱"成因探测

一　贫困空间异质性分析

1."地"和"业"2个维度对大别山区贫困空间分异作用显著

本章利用地理探测器探测单个因子对贫困空间分异的贡献率，发现对新县贫困空间分异贡献率较高的指标有与县政府距离（0.179）、村总人口（0.124）、收入结构中务工收入比重（0.070）、与乡镇政府距离（0.070）、人均纯收入（0.062），q 值均大于 14 个自变量贡献率的平均值。其中，与县政府距离、村总人口 2 项指标对贫困空间分异的贡献率达到 10%，表明新县贫困空间分异成因中区位条件、要素禀赋等"地"维度因素作用明显，其次是"业"维度（见表 6-2）。根据交互作用探测结果（见表 6-3），在交互作用下各地理探测因子对贫困空间分异的影响力增强。新县 X11 与 X23、X11 与 X22、X12 与 X22 的交互值较大，分别是 0.105、0.101、0.100。地理探测因子之间的交互作用主要表现为双因子增强与非线性增强。

表 6-2　新县和延长县各指标 q 值

维度	指标	新县			延长县		
		q 值	P 值	排序	q 值	P 值	排序
人	家庭患大病人口比重（X11）	0.044	0.010	7	0.123	0.000	6
	家庭 15 岁以下儿童人口比重（X12）	0.053	0.000	6	0.162	0.000	2
	小学以上学历比重（X13）	0.034	0.000	10	0.140	0.000	5
	人均耕地面积（X14）	0.011	0.508	14	0.021	0.121	10
业	收入结构中种植业收入比重（X21）	0.036	0.000	8	0.159	0.000	3
	收入结构中务工收入比重（X22）	0.070	0.000	4	0.121	0.000	7
	人均纯收入（X23）	0.062	0.000	5	0.159	0.000	4

续表

维度	指　标	新县			延长县		
		q 值	P 值	排序	q 值	P 值	排序
地	与道路距离（X31）	0.018	0.007	11	0.012	0.014	13
	与河流距离（X32）	0.018	0.004	12	0.018	0.020	11
	与县政府距离（X33）	0.179	0.000	1	0.198	0.000	1
	与乡镇政府距离（X34）	0.070	0.000	3	0.065	0.000	8
	高程（X35）	0.017	0.000	13	0.016	0.031	12
	坡度（X36）	0.035	0.000	9	0.008	0.122	14
	村总人口（X37）	0.124	0.000	2	0.052	0.000	9

2. "人""业""地" 3个维度对黄土高原地区贫困空间分异作用相对均衡

地理探测器探测结果显示，对延长县贫困空间分异贡献较高的因子包括与县政府距离（0.198）、家庭15岁以下儿童人口比重（0.162）、人均纯收入（0.159）、收入结构中种植业收入比重（0.159）、小学以上学历比重（0.140）、家庭患大病人口比重（0.123）、收入结构中务工收入比重（0.121），q 值均明显大于14个自变量贡献率的平均值，这7项指标对贫困空间分异的贡献水平均达到10%，且分属于"人""业""地" 3个维度，表明3个维度对延长县贫困空间分异影响相对均衡。根据交互作用探测结果（见表6-3），在交互作用下各地理探测因子对贫困空间分异的影响力增强。延长县 X33 与 X12、X33 与 X13、X33 与 X22、X33 与 X11、X33 与 X21、X33 与 X23 的交互值较大，分别是 0.322、0.319、0.314、0.305、0.303、0.303。地理探测因子之间的交互作用主要表现为双因子增强与非线性增强。

二　贫困空间分异成因及机理分析

1. 大别山区贫困空间分异成因及分异机理

大别山区贫困空间分异主要受"地"维度影响，其次是"业"维度。

表6-3　新县和延长县影响因子交互作用探测结果

单元		X11	X12	X13	X14	X21	X22	X23	X31	X32	X33	X34	X35	X36	X37
新县	X11	0.045													
	X12	0.079**	0.053												
	X13	0.093*	0.096*	0.035											
	X14	0.080*	0.096*	0.072*	0.012										
	X21	0.075**	0.089**	0.089*	0.073*	0.037									
	X22	0.101**	0.100**	0.116*	0.118*	0.099**	0.071								
	X23	0.105**	0.093*	0.147*	0.101*	0.110*	0.098**	0.063							
	X31	0.088	0.099*	0.079*	0.070*	0.082*	0.109*	0.116*	0.019						
	X32	0.093*	0.105*	0.093*	0.050*	0.104*	0.115*	0.120*	0.070*	0.019					
	X33	0.264*	0.274*	0.255*	0.227*	0.280*	0.306*	0.292*	0.222*	0.273*	0.180				
	X34	0.147*	0.160*	0.151*	0.112*	0.155*	0.168*	0.173*	0.132*	0.136*	0.360*	0.069			
	X35	0.106*	0.105*	0.083*	0.045*	0.094*	0.118*	0.123*	0.073*	0.070*	0.245*	0.118*	0.018		
	X36	0.116*	0.121*	0.098*	0.072*	0.114*	0.143*	0.127*	0.085*	0.081*	0.221*	0.134*	0.084*	0.036	
	X37	0.202*	0.220*	0.187*	0.157*	0.205*	0.238*	0.220*	0.163*	0.175*	0.315*	0.194*	0.175*	0.178*	0.125
延长县	X11	0.123													
	X12	0.191**	0.162												
	X13	0.175**	0.179**	0.140											

续表

单元		X11	X12	X13	X14	X21	X22	X23	X31	X32	X33	X34	X35	X36	X37
	X14	0.149*	0.184*	0.165*	0.021										
	X21	0.201**	0.224**	0.193**	0.182*	0.159									
	X22	0.195**	0.198**	0.157**	0.155*	0.205**	0.121								
	X23	0.207**	0.207**	0.190**	0.178**	0.195**	0.229**	0.159							
	X31	0.165*	0.221*	0.188*	0.069*	0.207*	0.166*	0.201*	0.012						
延长县	X32	0.151*	0.189*	0.166*	0.053*	0.190*	0.148*	0.186*	0.063*	0.018					
	X33	0.305**	0.322**	0.319**	0.221	0.303**	0.314**	0.303**	0.227*	0.257*	0.198				
	X34	0.193*	0.240*	0.244*	0.099*	0.257*	0.200*	0.241*	0.105*	0.096*	0.292*	0.065			
	X35	0.166*	0.222*	0.193*	0.051*	0.215*	0.190*	0.216*	0.096*	0.050*	0.314*	0.115*	0.016		
	X36	0.136*	0.181*	0.156*	0.043*	0.179*	0.144*	0.176*	0.041*	0.038*	0.218*	0.098*	0.042*	0.008	
	X37	0.194*	0.238*	0.209**	0.058**	0.240*	0.203*	0.227*	0.166*	0.093*	0.275*	0.152*	0.093*	0.073*	0.051

注：* 表示非线性增强，** 表示双因子增强。

新县所处的大别山区嵌套丘陵地形，地形地貌复杂，山间良田稀少，不利于现代化耕种，村庄与乡镇、县城之间的交通畅达度远低于平原地区，而县城经济、文化、教育、医疗等服务的中心地位尤为突出，偏远乡村到县城距离制约了其获得区域公共服务的能力，产业发展困难，这些因素共同导致了贫困空间分异的发生。新县"空间贫困陷阱"形成机制如图 6-1 所示。有限的可利用资源与庞大的人口规模形成了突出的人地矛盾，在现有的生产经营条件和技术水平条件下，农村的生产资源难以创造出足以维持当地人口生存、繁衍的劳动成果。生态环境保护导向下的耕地面积减少、生产技术的发展导致农村剩余劳动力增加，农民生存压力不断提升。在生存理性选择的推动下，为谋求生存，外出务工成为当地青壮年人口的首要选择。而对于可以支撑当地人口实现低水平持续生存的村庄和家庭赡养负担重的农户，其劳动人口则通常选择在家务农，偏远的区位和较高的公共服务获得成本又抑制了农户外出兼业的机会。因此，贫困发生率较高的县在区位条件较差的地区呈点状和团块状相间分布。

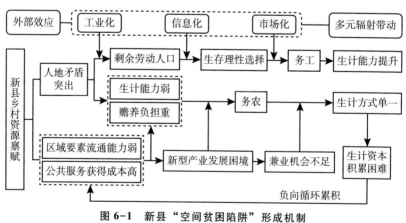

图 6-1 新县"空间贫困陷阱"形成机制

2.黄土高原地区贫困空间分异成因及机理

"人""业""地"3 个维度对黄土高原地区贫困空间分异作用相对均

衡。延长县"空间贫困陷阱"形成机制如图6-2所示。延长县属黄土高原丘陵沟壑区，由特殊的塬、梁、峁地貌构成。复杂的地形地貌和流域结构既不利于农业现代化，也将延长县县域单元分割成多个相对封闭的次级空间单元，延长了其对外交流的实际空间距离。虽然丰富的土地资源能够支撑居民基本的生存，但封闭空间形成的落后生育观念导致延长县农户抚养负担较重、受教育水平较低，进而导致人力资本的匮乏。较高的新技术运用和产业发展成本抵消了延长县对新型农业发展的需求。延长县城乡差距突出①，乡村地区基础设施薄弱，医疗、教育、社会保障、银行等服务设施高度集聚在城镇地区，导致距离县城较远的农户公共服务获得成本高、质量低，进一步束缚当地农户获取外部资源实现生产方式更新的能力，制约了非农产业的发展。当地农户不得不遵循原有单一的生产、生活方式。偏远乡村产业的匮乏进一步导致乡村公共服务投入不足，农户收入来源单一和不足则进一步弱化生计资本的积累，从而形成稳定的负向循环累积，在相对封闭的空间单元形成低水平均衡的发展状态。

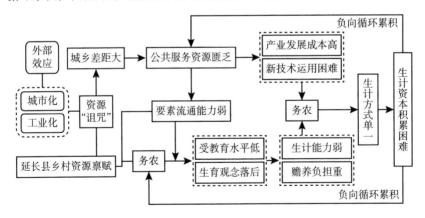

图6-2 延长县"空间贫困陷阱"形成机制

---

① 统计分析发现，2007~2019年延长县农村居民收入水平低于新县和全国平均水平，城镇居民收入在2008年之后开始高于新县，并接近全国平均水平，城乡收入比远远高于新县和全国平均水平。

第五节 本章小结

本章利用空间自相关模型对大别山区和黄土高原地区贫困空间分异情况进行解析，利用地理探测器探测贫困空间分异影响因素，并对其发生机理进行分析，得到以下结论。

（1）大别山区与黄土高原地区虽同为山区，但其贫困空间集聚和分布模式存在显著差异，大别山区贫困空间集聚以点状和团块状相间分布为主，黄土高原地区则以团块状分布为主，黄土高原地区贫困空间集聚水平显著高于大别山区。

（2）贫困空间分异成因中，大别山区"地"维度的作用较强，其次是"业"维度；黄土高原地区则"人""业""地"3个维度作用强度相对均衡，并形成负向循环累积。但黄土高原地区的贫困空间发生率低于大别山区，这表明贫困空间的发生并不取决于致贫因素的维度多少，更重要的是其作用方式与作用深度。

（3）与县政府距离在大别山区和黄土高原地区的因子决定力中均排第1位，分别为0.179和0.198，是两地最为关键的影响因子，此外，在大别山区村总人口（0.124）、与乡镇政府距离（0.070）和收入结构中务工收入比重（0.070）是主要影响因子，在黄土高原地区家庭15岁以下儿童人口比重（0.162）、收入结构中种植业收入比重（0.159）、人均纯收入（0.159）和小学以上学历比重（0.140）是主要影响因子。

（4）乡村发展过程中"人""业""地"任何一个维度受到剥夺都会进而影响其他两个维度，甚至形成环状剥夺，引发贫困。其中"地"维度在贫困发生过程中起着基础性作用，由其构成要素及丰度差异带来的生存压力不同是大别山区和黄土高原地区"空间贫困陷阱"形成机制的显著差异所在。

从上述分析可以看出，资源禀赋差异导致的生存压力是两地"空间贫困陷阱"形成机制的差异所在。由"地"提供的有限生计资本及较高的外部资源获得成本迫使"人"只能选择和适应相对传统、落后、单一的生计方式，进而形成"业"对低水平、低竞争力发展的路径依赖。竞争力不强又制约了就业岗位的提供和公共服务水平的提升（丁建军和冷志明，2018），"人、地、业"的负向循环累积构成一个"低层次、低效率、无序、稳定型的区域经济社会运转体系"（罗必良，1991），形成"空间贫困陷阱"，黄土高原地区的发展即证明该模式的存在。与相关县域尺度研究结果相比（李雨欣等，2021），"空间贫困陷阱"成因具有一定的相似性。然而，从新县来看，在某种程度上存在外部的突破口，即全国统一劳动力市场及其价格机制的形成背景下，新县突出的人地矛盾和经济贫困带来的生存压力促使大量青壮年人口外出务工获得相对丰厚的报酬，为贫困负向循环累积寻找到新的突破口，但年龄、家庭结构、受教育水平和对外交流成本等方面的门槛限制是制约新县发展的瓶颈。

第七章
脱贫机理：河南省农户脱贫的
多尺度机理

贫困户脱贫是其内生动力与所生活环境之间相互作用的结果。基于多维贫困调查数据和多层线性模型，本章构建了"户—村"和"户—县"不同尺度模型，以探究和比较不同尺度下贫困户脱贫机理。研究发现，60岁以上老人比重、常年务工人口比重、帮扶措施、种植业收入比重、务工收入比重、医疗费用支出比重与脱贫户家庭增收变化关系最密切。外出务工是脱贫增收最重要的手段；60岁以上老人并非家庭负担而对脱贫有利；降低种植业收入比重和医疗费用支出比重以及获得帮扶均有利于脱贫；技能培训比资金帮扶更有利于激发农户内生动力、促进农户稳定增收和持续脱贫；村耕地面积、县地形及人均GDP差异对脱贫户收入变化有显著影响，通过作用于农户外出务工选择而影响脱贫成效，以上表明农户脱贫是其内在动力与外在综合环境共同作用的结果。双层模型不仅挖掘了贫困户脱贫的自身原因，还有效阐释了农户自身发展与其生活环境之间的联系。

贫困农户稳定实现"两不愁，三保障"是现阶段实现脱贫的重要标准。自改革开放以来，我国农村反贫困政策体系一直存在，在初期主要为"开发式扶贫模式"，以解决农村贫困人口温饱问题为主要目的（赵昌文和郭晓鸣，2000；陈标平和胡传明，2009）。进入21世纪后，中国农村贫困人口趋于分散，致贫因素更为复杂，扶贫对象精确到户，扶贫开发工作方式也在不断创新（李毅，2016；汪三贵等，2016）。面对这些新的形势，学者们从不同角度开展贫困研究，尤其在脱贫路径方面已有一大批成果出现。在宏观层面，由政策扶贫转向制度扶贫，不断创新建档立卡、帮扶责任人、第三方评估等机制，完善扶贫体系，提升扶贫效率，成为新时期中国农村反贫困的新思路（王国勇和邢溦，2015；胡联和汪三贵，2017）。针对我国农村贫困显著的地域性差异，基于某一区域、省域、县域、村寨等空间尺度的扶贫政策、脱贫路径研究不断涌现（陈烨烽等，2017；王永明和王美霞，2017；丁建军和冷志明，2018；杨慧敏等，2017；刘春腊等，2018；武鹏等，2018）。然而，精准扶贫最终是要实现农户的脱贫，因此以贫困农户为主体，发掘其脱贫内生动力，推动农户减贫措施和地域特性的协调发展，成为当前实现可持续、稳定脱贫的有效途径和重要目标（张蓓，2017；黄承伟，2016）。针对医疗、教育、就业等主要致贫因素探究农村贫困代际传递问题（鲍震宇和赵元凤，2018；郭晓娜，2017），从产业扶贫、金融扶贫、电商扶贫、旅游扶贫等多种模式分析不同地区脱贫路径适配程度（杨志恒等，2018；陈清华等，2017；陈旭洲和冀雨潇，2018；黄渊基等，2017；汪侠等，2017），通过典型案例剖析创新脱贫模式的成功经验及启示（王峥等，2017；廖文梅等，2016），大量研究均表明，当前我国已经形成相对完整的反贫困体系，且不同地区能够依据地形地貌、民俗民风、资源禀赋等区域差异制定有针对性的减贫措施。另外，上述研究大多从微观视角对贫困户人均收入、脱贫内生动力、市场参与度等方面展开研究，表明我国贫困研究由宏观向微观转变的趋势。

需要注意的是，当前研究虽然从宏观层面展示了脱贫路径的区域差异，也从微观层面尝试挖掘了农户脱贫的内生动力，但这两个层面的研究是相对分开、独立进行的。农户脱贫（微观）与其所生活的村、县甚至更大范围（宏观）的自然、人文环境要素及制度政策体系紧密相关，因此贫困农户的脱贫，既是其自身努力的结果，也是帮扶措施或扶贫模式的成功，是二者之间相互作用的结果，但不同尺度下的脱贫核心因素及其互动联系仍有待剖析。因此，本章在对河南省 8 个典型县脱贫户的实地访谈和问卷分析的基础上，通过构建"户—村""户—县"两个不同尺度的多层线性模型，对脱贫户的脱贫路径进行多尺度比较探究，揭示其有效脱贫模式及高效减贫措施，为传统农区乡村振兴路径选择提供决策参考。

第一节　研究方法与数据来源

一　研究方法

多层线性模型是一种用于多层嵌套结构数据线性统计的分析方法。本章所得数据中，每一个脱贫户嵌套于一个村庄，每一个脱贫户又嵌套于一个县，这样就形成了"户—村"和"户—县"两个两层的数据结构。脱贫户脱贫机理及路径选择除自身条件外，还会受到其生活的村、县环境的影响，故使用多层线性模型分析方法，不仅可以避免产生回归分析的逻辑错误，还可以在不同的分析层级引入不同的变量，从而全面准确地分析更为复杂问题。一个两层完整模型的表达式如下所示。

（1）第一层：

$$Y_{ijk} = \beta_{0ik} + \beta_{1jk}X_{1ijk} + r_{ijk} \tag{1}$$

（2）第二层：

$$\beta_{0jk} = \gamma_{00k} + \gamma_{01k}W_{1jk} + \mu_{0jk} \tag{2}$$

$$\beta_{1jk} = \gamma_{10k} + \gamma_{11k}W_{1jk} + \mu_{1jk} \tag{3}$$

上述表达式中，X 和 Y 分别为自变量和因变量，β 为第一层的回归参数，γ 为第二层的回归参数，r 和 μ 为各层回归模型的误差。多层线性模型就是利用这种"回归的回归"的方式，来解释层内与层间自变量与因变量之间的关系。关于多层线性模型的计算依靠 HLM 7 软件完成。

二　研究区域

截至 2018 年 4 月，河南省贫困人口中有 355 万人实现脱贫，但在原有的 53 个贫困县中，仅有 3 个县顺利实现脱贫摘帽，还有贫困县 50 个，其中国家连片特困地区重点县 25 个、国家扶贫开发工作重点县 11 个、省定扶贫开发工作重点县 14 个，农村贫困人口共计 221 万人。为了更加清晰地分析贫困户脱贫机理，本章以河南省 8 个县（洛宁县、鲁山县、淅川县、民权县、新县、郸城县、太康县和上蔡县）为对象展开研究。

三　数据来源、特征与处理

1. 数据来源

本章数据包括农户、村域、县域三个尺度，数据来源于对河南省 8 个县、44 个行政村的 428 户脱贫户的实地调查。农户和村域尺度数据来自对脱贫户和村干部的问卷调查和结构访谈，县域尺度数据来自调查县扶贫数据、县社会经济统计数据及地方地理信息数据。

2. 脱贫户基本特征

脱贫户调查数据统计分析结果显示，脱贫户具有以下几个基本特征。①学历偏低。91.6% 的脱贫户人口是初中或小学及以下学历。②劳动力相对充足。脱贫户中具有劳动能力的人员比重低于 1/3 的仅为 22.6%。③务工收入是主要收入来源。有 63.4% 的脱贫户家庭务工收入比重最大，12.8% 的脱贫户家庭转移性收入比重最大，10.7% 的脱贫户家庭种植业收入比重最大。④日常生活支出是最大支出项，差异较大。有 40.1% 的脱贫户家庭日常生活支出比重最大，21.9% 的脱贫户家庭教育支出比重最大，15.9% 的脱贫户家庭医疗费用支出比重最大。通过以上信息可以基本了解到，脱贫户之所以能够脱贫，与劳动力充足、务工收入增加和医疗费用支出降低有较大联系。

3. 数据处理

在多层线性模型中，因变量 Y 由脱贫户脱贫前后人均纯收入增长率来解释，增长率为 100% 以下，赋值 1；增长率为 100%~200%，赋值 2；增长率为 200%~300%，赋值 3；增长率为 300% 以上，赋值 4。围绕因变量，在户、村、县三个层次共选取了 54 个自变量（见表 7-1）。其中，户层有 30 个自变量，主要描述农户学历、家庭人员构成、收入结构、支出结构、帮扶满意度等；村层有 16 个自变量，主要描述村的区位条件以及人均资源占有量等状况；县层有 8 个自变量，主要描述县的自然条件和经济发展水平。

表 7-1　变量及其解释

变量名称	解释	变量名称	解释
因变量			
Y	人均纯收入增长率(%)	—	—
户层自变量			
EDU	学历	P_I_PROP	财产收入比重(%)
POP_OLD	60岁以上老人比重(%)	P_I_TRANS	转移收入比重(%)
POP_YOUNG	16岁以下未成年人比重(%)	P_O_PLANT	种植业支出比重(%)
POP_LABOR	具有劳动能力人口比重(%)	P_O_FRUIT	果林支出比重(%)
POP_FARM	常年务农人口比重(%)	P_O_FARM2	其他农业支出比重(%)

变量名称	解释	变量名称	解释
POP_WORKER	常年务工人口比重(%)	P_O_FEED	养殖业支出比重(%)
P_I_PLANT	种植业收入比重(%)	P_O_BUSI	自主经营支出比重(%)
P_I_FRUIT	果林收入比重(%)	P_O_TAX	收费和承包费比重(%)
P_I_FARM2	其他农业收入比重(%)	P_O_DEP	生产资料折旧支出比重(%)
P_I_FEED	养殖业收入比重(%)	P_O_LIVE	日产生活支出比重(%)
P_I_BUSI	自主经营收入比重(%)	P_O_MED	医疗费用支出比重(%)
P_I_WORK	务工收入比重(%)	P_O_EDU	教育支出比重(%)
HM	帮扶措施	P_O_OTHER	其他家庭支出比重(%)
SAT_T	驻村工作队满意度	SAT_HM	帮扶方式满意度
SAT_W	帮扶成效满意度	SAT_P	帮扶责任人满意度
村层自变量			
ALTITUDE	村平均高程(m)	RATE	村贫困发生率
DIS_COUNTY	本村距离县城(里)	POP_TOTAL	村总人口(人)
DIS_GOV	本村距离乡镇政府驻地(里)	ALLOWANCE	村惠农补贴合计(元)
VIN_NET_A	村人均纯收入(元)	VACANT	村空闲宅基地比例
AREA_F	村耕地面积(亩)	INVALID	村废弃宅基地比例
AREA_F_A	村人均耕地面积(亩)	AREA_FO_A	村人均林地面积(亩)
POP_LABOR	村具有劳动能力人口比重(%)	AREA_G_A	村人均草地面积(亩)
POP_WORK	村外出务工人口比重	AREA_W_A	村人均水面面积(亩)
县层自变量			
TERRAIN	地形	WITHOUT_FROST	无霜日(天)
A_M_TEM	年平均气温(℃)	P_C_GDP	人均GDP(元)
A_M_PRE	年平均降水(mm)	IN_GOV	一般财政收入(亿元)
DIS_CITY	距市政府距离(km)	OUT_FARM	涉农投资(亿元)

注：学历划分为"小学及以下""初中""高中""职校、中专""本科（大专）及以上"五个类别，对应赋值1~5；帮扶措施划分为技术帮扶、技术与资金帮扶、资金帮扶，对应赋值1~3；帮扶方式（如提供生活用品、现金帮助、解决生活难题、寻找致富出路等）是否满意，1-满意，2-不满意；驻村工作队工作到位情况是否满意，1-满意，2-不满意；帮扶责任人工作到位情况是否满意，1-满意，2-不满意；帮扶工作成效是否满意，1-满意，2-不满意；地形划分为平原、丘陵、山地三个类别，对应赋值1~3。

第二节　河南省农户脱贫因素多尺度分析

基于多层线性模型分析，如果按照"户—村—县"三层结构构建分层线性模型，脱贫户调查数据零模型各层方差比较结果是户层方差>县层方差>村层方差。脱贫户数据并不适合建立三层模型，但适合构建"户—村"和"户—县"这两种两层结构回归模型。

一　"户—村"模型

1. 模型构建

基于脱贫户调查数据零模型分析，固定效应的最终估计结果显示，截距的估计值是 2.160；随机效应的最终估计结果显示，最大方差成分是在模型的户层上，其估计值为 1.179，村层的方差成分估计值为 0.992，第一层变异大于第二层变异；结果变量方差中 17.0%〔0.241/（1.179+0.241）〕由村层变量的变异引起。由此表明，有必要在模型中增加新的、有助于解释掉大量第二层观察值方差的预测变量。"户—村"两层模型具体公式如下所示①。

（1）第一层：

$$Y = \pi_0 + \pi_1(POP\_OLD) + \pi_2(POP\_WORKER) + \pi_3(HM) \\ + \pi_4(P\_I\_PLANT) + \pi_5(P\_I\_WORK) + \pi_6(P\_O\_MED) + e \tag{4}$$

（2）第二层：

$$\pi_0 = \beta_{00} + \beta_{01}(AREA\_F) + r_0 \tag{5}$$

$$\pi_2 = \beta_{20} + \beta_{21}(AREA\_F) + r_2 \tag{6}$$

---

① 第二层中部分变量没有列出，是因为上一层统计检验表明，这些变量方差检验并不显著，无须针对该变量构建下一层模型，所以省略相关公式。

表 7-2 显示了"户—村"两层模型最终估计结果，户层加入 6 个变量，村层加入 1 个变量，且所有变量均通过 T 检验。模型整体方差、截距及农户层"常年务工人口比重"解释率分别为 15.9%、29.5% 和 57.8%。因此，基于"户—村"结构的贫困户脱贫机理多尺度模型适配良好，解释度较高。

表 7-2　"户—村"两层模型最终估计结果

固定效应				随机效应		
变量	系数	标准误	T 检验	变量	方差变化	解释率
π_0/β_{00}	2.160	0.083	25.939***	r_0	0.241→0.170***	29.5%
$\beta_{01}(AREA\_F)$	0.000	0.000	2.505**			
$\pi_1(POP\_OLD)/\beta_{10}$	0.543	0.213	2.546**			
$\pi_2(POP\_WORKER)/\beta_{20}$	0.792	0.295	2.683**	r_2	1.491→0.630*	57.8%
$\beta_{21}(AREA\_F)$	-0.001	0.000	-2.484**			
$\pi_3(HM)/\beta_{30}$	-0.176	0.062	-2.827**			
$\pi_4(P\_I\_PLANT)/\beta_{40}$	-1.724	0.400	-4.304***			
$\pi_5(P\_I\_WORK)/\beta_{50}$	0.511	0.139	3.681***			
$\pi_6(P\_O\_MED)/\beta_{60}$	-0.548	0.230	-2.383***			
				e	1.179→0.992	15.9%

注：* 表示 $0.05 \leqslant P < 0.1$、** 表示 $0.01 \leqslant P < 0.05$、*** 表示 $P < 0.01$，方差变化一列指的是卡方检验。

2. 模型解读

（1）户层模型

在农户尺度，60 岁以上老人比重、常年务工人口比重、帮扶措施、种植业收入比重、务工收入比重和医疗费用支出比重共 6 个变量进入模型，其中 60 岁以上老人比重、常年务工人口比重、务工收入比重 3 个变量与农户人均纯收入增长率显著正相关，是农户脱贫的重要驱动因素。调研数据显示，48.5% 的脱贫户家中至少有 1 位 60 岁以上老人，这些贫困户中 79.33% 的家庭医疗费用支出比重低于 20%，这表明抽查的脱贫户家庭中 60 岁以上老人身体条件普遍较好。虽然建档立卡时并未将 60 岁以上老人纳入劳动力，但实际上其自身不仅能够发展家庭种植、养殖增收，还可以通过获取转移性补贴（如养老金等）增收。63.4% 的脱贫户家庭收入的主要来源为外出务工，通过务工增收是农户脱贫的主要途径。帮扶措施变量反映精准扶贫成效，与脱贫户收入变化呈显著负相关。技术帮扶主要是为农户提供劳动技能培训及特色产业发展技术支持等；资金帮扶主要是为贫困户提供如小额信贷、低保等补助或资金支持；技术与资金帮扶则是指同时提供上述两类帮扶措施。调查数据显示，42.9% 的脱贫户获得了技术帮扶，37.1% 的脱贫户获得了资金帮扶，19.9% 的脱贫户同时获得了两类帮扶措施。模型估算表明，帮扶措施回归系数为负时，趋向技术帮扶的农户多，有利于脱贫；反之，则表明获得资金帮扶的贫困户多，不利于脱贫。由此发现，相对资金帮扶而言，技术帮扶更有助于激发农户发展的内生动力，实现稳定可持续脱贫。种植业收入比重及医疗费用支出比重与农户人均纯收入增长率呈显著负相关，表明中部农区种植业收入依赖、高额医疗支出是农户致贫的重要原因，与实地调查反映的传统种植业单位面积收益较低、"因病致贫"比例较高以及慢性病普遍存在的情况相吻合。

（2）村层模型

在村域尺度，耕地面积变量通过影响模型截距和常年务工人口比重来体现脱贫成效。就脱贫户自身差异而言（零模型），村耕地面积越大，获得生产补贴、生态补偿及土地流转金的机会越多，越有利于促进贫困农户增收脱贫。而村耕地面积回归系数与常年务工人口比重回归系数符号相反，表明村耕地面积会削弱常年务工人口的作用。换言之，村耕地面积较多时，受传统种植业发展的劳动力密集型特征限制，一定程度上减少家庭外出务工或兼业活动，从而降低常年务工人口比重，影响农户通过务工增收。在抽查的 44 个行政村中，耕地面积最多的为 5500 亩，最少的为 180 亩，平均为 1605.72 亩，各村耕地面积差异明显。常年外出务工人口比重超过 30% 的村，平均耕地面积为

1439.73 亩；常年外出务工人口比重小于 30% 的村，平均耕地面积为 1700.57 亩。耕地面积少、资源禀赋差、产业选择受限，促使贫困农户外出务工寻找其他增收机会。

二 "户—县"模型

1. 模型构建

基于脱贫户调查数据零模型分析，固定效应的最终估计结果显示，截距的估计值是 2.355。随机效应的最终估计结果显示，最大方差成分是在模型在户层上，其估计值为 1.232，在县层上的方差成分估计值为 1.038，户层变异大于县层变异。结果变量方差中的 9.9% ［0.135/（1.232+0.135）］由县层变量的变异引起。由此表明，有必要在模型中增加新的、有助于解释掉大量县层观察值方差的预测变量。"户—县"两层模型具体公式如下所示。

（1）第一层：

$$Y = \pi_0 + \pi_1(POP\_OLD) + \pi_2(POP\_WORKER) + \pi_3(HM) + \pi_4(P\_I\_PLANT) \\ + \pi_5(P\_I\_WORK) + \pi_6(P\_O\_MED) + e$$

$$(7)$$

（2）第二层：

$$\pi_0 = \beta_{00} + \beta_{01}(TERRAIN) + r_0 \qquad (8)$$

$$\pi_2 = \beta_{20} + \beta_{21}(P\_C\_GDP) + r_2 \qquad (9)$$

表 7-3 显示了"户—县"两层模型最终估计结果，户层加入 6 个变量，县层加入 2 个变量，且均通过 T 检验。模型整体方差、截距及户层"常年务工收入比重"解释率分别为 15.8%、48.9% 和 87.7%。因此，基于"户—县"结构的贫困户脱贫机理多尺度模型适配良好，解释度较高。

表 7-3　"户—县"两层模型最终估计结果

固定效应				随机效应		
变量	系数	标准误	T检验	变量	方差变化	解释率
π_0/β_{00}	2.355	0.112	21.113***	r_0	0.135→0.069***	48.9%
$\beta_{01}(TERRAIN)$	0.270	0.116	2.324*			
$\pi_1(POP\_OLD)/\beta_{10}$	0.405	0.164	2.461**			
$\pi_2(POP\_WORKER)/\beta_{20}$	0.646	0.247	2.628***			
$\pi_3(HM)/\beta_{30}$	−0.170	0.057	−2.957***			
$\pi_4(P\_I\_PLANT)/\beta_{40}$	−1.527	0.335	−4.563***			
$\pi_5(P\_I\_WORK)/\beta_{50}$	0.752	0.192	3.920***	r_5	0.195→0.024	87.7%
$\beta_{21}(P\_C\_GDP)$	−0.000	0.000	−3.117**			
$\pi_6(P\_O\_MED)/\beta_{60}$	−0.620	0.252	−2.464**			
				e	1.232→1.038	15.8%

注：＊ 表示 $0.05 \leqslant P<0.1$、＊＊ 表示 $0.01 \leqslant P<0.05$、＊＊＊ 表示 $P<0.01$，方差变化一列指的是卡方检验。

2. 模型解读

在"户—县"模型中，有 60 岁以上老人比重、常年务工人口比重、帮扶措施、种植业收入比重、务工收入比重和医疗费用支出比重 6 个变量进入农户尺度模型。其中 60 岁以上老人比重、常年务工人口比重及务工收入比重均与农户人均纯收入增长率显著正相关，是农户脱贫的重要驱动因素。种植业收入比重、医疗费用支出比重及帮扶措施均与农户人均纯收入增长率呈显著负相关，其解释与"户—村"模型相同。

在县域尺度上，地形、人均 GDP 变量均与农户脱贫显著相关。就农户本身差异而言，县域地形因素对农户脱贫影响显著。由于地形变量是类型变量，将平原、丘陵、山地分别赋值为 1、2、3，模型运算结果表明，丘陵、山地地形脱贫效果明显。抽查数据显示，平原、丘陵、山地三种类型县的人均耕地面积平均值分别为 1.24 亩、1.21 亩和 0.56 亩，务工收入比重分别为 44.0%、58.0% 和 59.2%。因此，丘陵、山地地区耕地规模小且人均耕地面积少，农业基础差、单产收益低，驱动贫困农户外出务工，从而导致常年务工人口比重与务工收入比重高，有助于农户短期内快速增收，从而实现脱贫。人均 GDP 则通过常年务工人口比重对农户脱贫产生影响，且其回归系数与常年务工人口比重符号相反，这表明其会削弱常年务工人口比重的作用。统计数据显示，抽查的平原县由于人口较多，人均 GDP 明显低于丘陵县与山地县。而实际上，平原县贫困农户家庭收入结构中，依然是以务工收入为主，种植收入占比仅为 31.6%。因此，平原县虽然有良好的农业发展基础，但"增产不增效"问题同样突出，促使农户将农业种植与就业务工相结合起来，通过兼业等方式增加务工收入，进而促进农户增收减贫。

第三节　河南省农户脱贫机理的多尺度比较

本章基于多层线性模型的中部农区农户脱贫因素多尺度识别，发现脱贫过程是农户、村、县尺度因素共同作用的结果，其中农户尺度聚集的农户脱贫因素最多，村域和县域聚集的脱贫因素分别占 17.0% 和 9.9%。在农户尺度上，60 岁以上老人比重、常年务工人口比重、帮扶措施、种植业收入比重、务工收入比重、医疗费用支出比重与脱贫户家庭增收变化关系最密切，外出务工是脱贫最重要的手段，老龄人口并非家庭负担且对脱贫有利，降低种植业收入比重和医疗费用支出比重以及获得帮扶措施均有利于脱贫。在村域尺度，村耕地面积差异对脱贫户收入变化有显著影响，村耕地面积作用于脱贫户务工收入比重进而影响脱贫成效。在县域尺度，县地形与人均 GDP 差异对脱贫户收入变化有显著影响，二者通过所反映的地区农业发展水平作用于脱贫户务工收入比重，进而影响脱贫成效。

在脱贫机制上，农户 60 岁以上老人比重、常年务工人口比重、务工收入比重，村域人均耕地面积，县域地形及人均 GDP 是农户脱贫的多尺度驱动因素；种植业收入比重及医疗费用支出比重对农户脱贫具有阻碍作用。对贫困户进行技能培训帮扶比资金帮扶更有利于农户内生动力的培育，促进农户持续脱贫；丘陵、山地地区的贫困农户因受土地等资源供给制约，更倾向于外出务工提高家庭收入，实现增收脱贫。村耕地面积规模、县域经济发展水平（如人均 GDP）通过刺激贫困户外出务工，导致常年务工人口比重及务工收入比重提高，从而推动农户增收脱贫（见图 7-1）。因此，发展特色农业种植、拓展农业新功能，形成第一、第二、第三产业融合发展，实现农业现代化，是聚集农业生产要素、实现农区乡村振兴的关键。

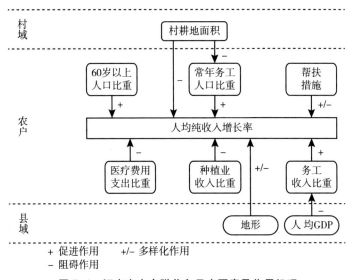

图 7-1　河南省农户脱贫多尺度要素及作用机理

第四节　本章小结

本章以河南省 8 个不同地貌类型贫困县的实地调查数据为基础，按照"户—村""户—县"层次结构，运用多层线性模型，探讨了贫困户脱贫的内生动力以及与生活环境之间的联系，并从不同尺度剖析了贫困户脱贫因素，得出如下结论。

（1）60岁以上老人并非农户家庭负担，反而有利于家庭增收。60岁以上老人中部分人具有劳动能力可以直接获取劳动收入，此外，老龄人口获得转移性收入的概率也较其他人更高，也可以增加家庭收入。医疗费用支出比重对贫困户家庭增收影响较大，在医疗保障水平不断提高的情况下，医疗费用支出显著下降，因病致贫问题得到有效缓解，因病返贫问题得到有效控制。

（2）外出务工收入是脱贫户家庭增收的主要来源。"户—村"与"户—县"第二层模型也再次证明，耕地面积越少的地区，尤其是在耕地面积越少的丘陵、山地地区，外出务工人口比重越高，其务工收入增加越明显，脱贫效果越显著。贫困户脱贫与其所生活的村与县环境条件密切相关，是农户内生动力与地形地貌、帮扶措施、劳动力结构、政策体系等综合外在环境共同作用的结果。

（3）技术帮扶比资金帮扶更有利于脱贫。农户获得帮扶措施对于家庭增收有明显帮助。统计特征及模型结果显示，多数贫困户获得了技术帮扶，且与资金帮扶（发钱、发物）相比，获得技术帮扶更有利于稳定可持续脱贫，这不仅体现了扶贫政策落实精准，也符合激发贫困户内生动力的原则。

基于此，我们还可进行以下两个讨论。

（1）农户脱贫是多尺度多因素交互作用的结果。中部农区农户脱贫影响因素集中在农户尺度，村域与县域尺度因素对农户脱贫具有重要的影响。60岁以上老人比重、常年务工人口比重是农户脱贫的促进因素。丘陵、山地地区农户受土地等生产要素制约，比平原地区农户更倾向于通过外出务工实现增收脱贫；农业种植与就业务工相结合的"兼业"模式是平原农户脱贫的有效路径。

（2）中部农区乡村振兴路径独特性显著。立足区域乡村发展特征和问题的研判，现有研究对沿海经济发达地区、城乡一体化地区、西北贫困地区、资源枯竭型地区及西南喀斯特地区提出了差异化的乡村振兴路径，即深化乡村多元价值认知，立足资源优势构建乡村新业态，完善村域治理，激发乡村发展活力，着重推进农业农村现代化，助推乡村振兴实践。中部农区地貌类型的显著不同及其肩负的粮食安全国家战略责任，注定其乡村振兴路径须正视区域特殊性和功能差异性。农区的乡村振兴路径应立足主体功能定位要求，结合脱贫攻坚成果与乡村振兴衔接战略安排，通过扶贫产业升级引领县域城乡融合发展、土地整治，驱动乡村宜居宜业及农户持续增能，促进乡村富裕，构建县—乡—村三位一体路径体系，共促农区乡村振兴发展。基于农户脱贫因素多尺度识别的乡村振兴路径研究，是巩固脱贫攻坚成果、实现与乡村振兴衔接的需要，更具针对性和可操作性。

第八章
有机衔接：河南省脱贫攻坚
与乡村振兴接续发展

习近平总书记强调"打好脱贫攻坚战是实施乡村振兴战略的优先任务"。脱贫攻坚与乡村振兴存在目标相通、内容共融、主体一致、体制互促等互涵性关系。在两大战略交汇时期，有效利用脱贫攻坚成果、有序推进乡村振兴步伐，是实现二者有机衔接的关键。利用河南省53个贫困县2017年10月18日至2019年11月18日发布的1124条与乡村振兴有关的新闻，通过自然语言处理方法，深度挖掘脱贫攻坚与乡村振兴有机衔接的关键信息，并判断不同地区乡村振兴发展阶段，有助于全面把握河南省各贫困县乡村振兴发展进度，从而有针对性地调整全省工作步伐。

脱贫攻坚与乡村振兴在很多方面存在显著差异。从根本目的看，一个是脱贫，一个是致富；从时间跨度看，一个已经于2020年取得阶段性胜利，一个刚刚于2020年基本形成制度框架；从空间布局看，一个聚焦贫困地区，一个面向广大乡村；从目标人群看，一个关注贫困群体，一个涉及所有农民；从制度设计看，一个从微观视角注重精准施策，一个从宏观视角注重统筹协调。乡村振兴不仅仅是脱贫攻坚的延续，还是为实现更高目标的顶层设计。因此，鉴于脱贫攻坚与乡村振兴的区别与联系，二者的有机衔接不仅是有效利用脱贫攻坚成果的关键，也是有序推进乡村振兴的关键。

针对脱贫攻坚与乡村振兴的有机衔接问题，学者从内在逻辑、衔接机制、衔接路径等多个方面展开了讨论。二者的内在逻辑表明，正确处理短期与长期目标的关系，有利于准确把握有机衔接的丰富内容（汪三贵和冯紫曦，2019）。因此，在二者交汇的特殊时期，梯度推进更加符合现实情况，也有利于进一步优化升级（左停等，2019）。在乡村振兴实施过程中，坚持系统思维最为重要，这是由乡村振兴的本质要求所决定的（庄天慧等，2018）。具体到乡村振兴各个领域，可以按照建立"四个协同"产业体系的要求推进乡村产业振兴，以城市群为主体构建大、中、小城市和小城镇协调发展的城镇格局（梅士建和杨静静，2019），还可以借鉴美国、日本、韩国等国家经验，从多学科角度构建有机衔接机制（冯丹萌，2019；姜长云，2019）。协同推进已被证明是脱贫攻坚与乡村振兴有机衔接的实施路径（廖文梅等，2019；陈美球和胡春晓，2019；廖彩荣等，2019），尤其是深度贫困地区更需要通过协同发展，保障脱贫成果的持续性，追赶乡村振兴步伐（边慧敏等，2019；高静等，2020；蔡宇宏和李卓凡，2020）。然而，也要清楚地认识到，实践中地方政府与民众对两大战略的认识仍存在一定差距（朱启铭，2019；黄涛和秦密密，2021），这与二者的宣传力度、政策针对性有很大关系，对二者的有机衔接造成了一定阻碍。

对脱贫攻坚与乡村振兴逻辑关系的探讨，有利于衔接机制的构建，对典型地区乡村振兴实践的剖析也对其他地区发展有一定的借鉴意义。但是，与脱贫攻坚坚持"两不愁、三保障"的底线不同，乡村振兴必然是百花齐放、特色鲜明的。然而，当前研究成果多注重理论探讨与案例剖析，缺乏时空对比，不利于深刻认识乡村振兴地方实践的差异性；缺少量化分析，不利于准确把握乡村振兴进度差异，进而有针对性地进行政策指导。对此，本章尝试利用地方政府公开发布的新闻，挖掘脱贫攻坚与乡村振兴有机衔接的信息。信息公开是有效传导政策措施、提升政府公信力的重要手段，地方政府官网则是信息公开的重要载体（姚锐敏和王杰，2016）。各地区乡村振兴工作的基本思路、关键会议、重点项目、实践成果等，会在官方网站的公开信息中留下痕迹，从而为研究脱贫攻坚与乡村振兴的有机衔接创造条件。为了探究衔接机制与路径的差异，本章以河南省 2012 年划定的 53 个贫困县为案例开展研究。河南省是我国农村贫困人口的重要聚集地，贫困县较多，且脱贫攻坚成果与乡村振兴基础差异显著。关于河南省各贫困县脱贫攻坚与乡村振兴有机衔接的研究，既能满足本书的研究需要，也能为探讨其他地区相关问题提供参考。

第一节 研究方法与数据来源

一 自然语言处理

自然语言处理（Natural Language Processing，NLP）是信息技术最重要的研究方向之一，其目的就是让计算机"听懂"人类的语言，并且能够像人一样"说话"（王飞等，2018）。因此，准确理解人类的语言是 NLP 的基础。与通过空格分割单词的英语等大多数语言不同的是，汉语的最小单位是字，因此汉语句子中词语的切分是 NLP 面临的特殊问题（梁喜涛和顾磊，2015）。自 2003 年国际汉语分词评测活动开展以来，汉语自动分词技术在分词语料的质量控制、分词歧义的有效消解、字的词位分类与标注等方面取得了长足进步（黄昌宁和赵海，2007）。近年来，在大数据的驱动下，以分词为训练集的深度学习模型在 NLP 领域作用显著（林奕欧等，2017；奚雪峰和周国栋，2016），为 NLP 的发展提供了新的思路。

本章对于各贫困县官网发布的新闻标题的分词，主要通过 R 语言程序实现，具体使用的是 R 语言中的"jiebaR"包。该程序包主要包含 7 种分词模型，其中，结合了最大概率法与隐式马尔科夫模型的混合模型性能稳定，分词效果较好，完全可以满足对相对简洁的新闻标题分词的需要。此外，为了进一步提升分词准确性，本章还结合脱贫攻坚与乡村振兴主题扩充了分词语料，加入了 8 个定制化词库。其中，7 个来源于搜狗细胞词库，分别为农业词语大全、农业和农村常用词语、农业类词库、社会学专业词库、十九大报告常用语、脱贫攻坚词语、最详细的全国地名大全；还有 1 个是根据乡村振兴战略规划中的关键词语自制的词库。

二　网络爬虫

网络爬虫，是一种按照一定规则自动爬取互联网信息的程序或者脚本（曾健荣等，2019）。由于通常要爬取的都是网页上的结构化数据，利用超文本标记语言（Hyper Text Markup Language，HTML）可以比较容易地构建识别规则（薛丽敏等，2017）。于是，在一定规则下，网络爬虫技术可以自动检索并提取网页基本信息，从而构建研究所需的基础数据库。

本章对各贫困县政府官网信息的提取，主要通过 R 语言程序实现，具体使用的是 R 语言中的"rvest"包。本章通过对网页源码的解析，构建提取规则，从而自动提取新闻发布时间、标题、来源等信息。

三 数据来源与处理

乡村振兴战略是在中国共产党的十九大报告中被提出的，因此，以党的十九大召开时间 2017 年 10 月 18 日为研究的时间起点。由于各贫困县政府官网建设水平有所差异，在数据提取过程中，均以"乡村振兴"为关键词在默认设置下检索；对于无检索功能的网站，则考察其新闻专栏发布的信息。在初次采集后，根据图 8-1 所示步骤进行二次清洗。截至 2019 年 11 月 18 日，本章共收集了河南省 53 个贫困县关于乡村振兴的 1124 条新闻信息，主要包括新闻标题、发布时间和对应网址等内容，为后续研究构建了乡村振兴新闻数据库。

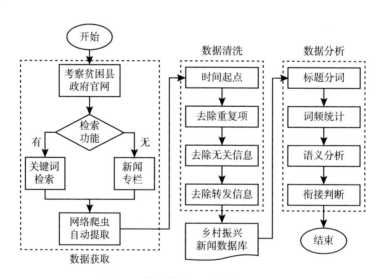

图 8-1 数据获取、清洗与分析流程

第二节 河南省县域新闻发布特征及词义挖掘

河南省 53 个贫困县中，栾川县与淮阳县政府官网的检索功能无法使用，新闻专栏中也无相关信息；宜阳县和淮滨县有一般检索功能，但是无检索结果；宁陵县与泌阳县均仅发布了 1 篇新闻报道；其余贫困县，在 2017 年 10 月 18 日至 2019 年 11 月 18 日期间，"乡村振兴"相关新闻的发布时间、发布总数和发布频率均存在显著差异。

一 脱贫县乡村振兴新闻发布特征

1. 摘帽较早的贫困县乡村振兴起步较早

2018 年以前脱贫摘帽的贫困县共有 6 个，发文量均在 10 篇以上。其中，滑县于 2017 年 10 月 30 日发表第 1 篇相关新闻报道，略晚于发文最早的虞城县（2017 年 10 月 24 日）；新县共发文 71 篇，仅次于发文最多的社旗县（77 篇），平均每 30 天发文 4.13 篇，即约每周有一篇乡村振兴有关报道，发文频率居所有贫困县首位；除新蔡县外，其余2018 年以前脱贫摘帽的贫困县平均每 30 天发文量均大于 1 篇。由此可见，2018 年以前脱贫摘帽的贫困县，在脱贫攻坚重任基本完成的情况下，能够有更多精力关注乡村振兴。

2. 少数摘帽较晚的贫困县对乡村振兴一直保持较高关注度

2019 年脱贫摘帽的贫困县共有 14 个，其中 8 个贫困县发文量超过10 篇，6 个贫困县最早发文时间在 2017 年底，5 个贫困县平均每 30 天发文量在 1 篇以上。比较典型的是社旗县与卢氏县，社旗县发文量最多，发文频率仅次于新县和商城县，虽然摘帽晚，但是一直对乡村振兴保持较高的关注；卢氏县检索结果较多，但部分新闻内容已撤只剩标题，在进行删减之后仍保留了 33 篇，时间跨度从 2017 年 11 月至 2019年 9 月，发文频率也达到了平均每 30 天 1.5 篇的较高水平。因此，即使是 2019 年才脱贫摘帽的贫困县，依然有少数地区在同步推进脱贫攻坚与乡村振兴工作。

3. 个别摘帽较晚的贫困县在摘帽后对乡村振兴关注度显著提升

个别贫困县对乡村振兴关注度的提升，主要发生在其脱贫摘帽以后。2018 年脱贫摘帽的贫困县中，商城县最早发文时间为 2018 年 3 月，但其发文量（70 篇）与发文频率（平均每 30 天 3.37 篇）均排进前三；光山县和镇平县最早发文时间为 2018 年 1 月，发文量均为 55 篇，发文频率分列第 5 位和第 8 位。2019 年脱贫摘帽的贫困县中，汝阳县最早发文时间为 2019 年 3 月，南召县最早发文时间为 2019 年 7 月，二者却在较短时间内达到了约每半月发布 1 篇相关新闻的较高频率。因此，为了尽快扭转在乡村振兴方面落后的局面，个别摘帽较晚的贫困县在脱贫摘帽后显著增强了对乡村振兴的关注。

二 脱贫县乡村振兴新闻分词含义挖掘

根据各县乡村振兴高频词的含义与特征，高频词大致可分为典型地区、重要领域和关键行动三大类型（见表 8-1）。典型地区，主要反映各县在乡村振兴实施过程中选择的示范区或是在某些方面特色鲜明的地区；重要领域，主要反映各县围绕乡村振兴五大要求的切入点或实施路径；关键行动，主要反映乡村振兴战略实施过程中，各县在规划设计、制度保障、监督落实等方面的实践工作。

1. 各县乡镇是乡村振兴路径探索的典型地区

河南省 53 个贫困县中，有 28 个县在新闻中明确指出了乡村振兴的典型地区，其中新县和原阳县均有 2 个地区表现突出，其余各县则仅有 1 个。30 个典型地区中，包含 15 个乡、11 个镇、2 个行政村和 2 个街道（办事处），乡镇成为各县探索乡村振兴路径的主要阵地。商城县的汪岗镇出现次数最多，其新闻涉及内容也十分广泛。从时间上看，前期主要内容是开展政策解读，如乡村振兴的"五个环节""四个突出"；

中期主要内容是讨论工作方式，如"1234"工作法、乡村振兴辅导报告会；后期主要内容是完善具体措施，如人居环境整治、"铺牢乡村振兴人才之路"、"学习充电强本领　乡村振兴勇担当"、"倾力打造四好公路　铺就乡村振兴大道"等。新县的新闻中箭厂河乡与泗店乡均出现7次，其中，箭厂河乡提出"三转三提"措施，加快乡村振兴步伐，并在基层党建、乡村文化、产业发展、人居环境等方面取得了一定成绩；泗店乡则以乡村旅游为主，实施"一村一业"计划，"聚焦重点，精准发力，加速推进乡村振兴"。因此，从各县乡村振兴的典型地区来看，乡村振兴的实施主要沿"县—乡（镇、街道）—村"的行政区划逐级展开，其中乡（镇、街道）既要向上接纳县的顶层设计，又要向下落实村的具体规划，成为乡村振兴战略的有效传导枢纽。脱贫攻坚则沿"户脱贫、村出列、县摘帽"的路线演进，行政村有贫困村与非贫困村之分，并未突出乡（镇、街道）一级的作用。由此可见，脱贫攻坚强调精准施策，以村为枢纽便于和贫困户直接对接；而乡村振兴强调统筹协调，以乡（镇、街道）为枢纽，便于协同推进全面振兴。

表 8-1　各贫困县乡村振兴新闻高频词分布

典型地区			重要领域			关键行动		
地区	词语	频数	地区	词语	频数	地区	词语	频数
商城县	汪岗镇	10	光山县	产业	9	夏邑县	大讲堂	3
兰考县	三义寨乡	8	商城县	产业	6	夏邑县	观摩	4
新县	箭厂河乡	7	社旗县	党建	7	社旗县	规划	8
新县	泗店乡	7	商城县	党建	6	光山县	规划	8
镇平县	杨营镇	7	滑县	党建	5	汝南县	规划	3
光山县	晏河乡	6	罗山县	党建	4	潢川县	规划	2
内黄县	井店镇	5	息县	党建	3	内乡县	评议	3
滑县	瓦岗寨乡	4	固始县	党建	2	虞城县	调研	19
罗山县	山店乡	4	商水县	党建	2	新县	调研	16
汝南县	古塔街道	4	镇平县	电商	4	滑县	调研	12

典型地区			重要领域			关键行动		
地区	词语	频数	地区	词语	频数	地区	词语	频数
郸城县	胡集乡	3	平舆县	耕地	4	睢县	调研	10
方城县	券桥镇	3	新县	共建	12	罗山县	调研	9
封丘县	王村乡	3	镇平县	金融	5	沈丘县	调研	7
内乡县	赤眉镇	3	卢氏县	金融	4	柘城县	调研	6
商水县	化河乡	3	新县	旅游	11	息县	调研	5
沈丘县	卞路口乡	3	光山县	旅游	8	伊川县	调研	4
台前县	打渔陈镇	3	社旗县	旅游	5	舞阳县	调研	4
太康县	老冢镇	3	兰考县	美丽	4	洛宁	调研	3
息县	弯柳树村	3	内乡县	人才	6	固始县	调研	3
原阳县	靳堂乡	3	社旗县	人才	5	原阳县	调研	3
原阳县	原兴办事处	3	沈丘县	人才	2	扶沟县	调研	3
扶沟县	固城乡	2	内乡县	人居环境	5	西华县	调研	2
洛宁	兴华镇	2	平舆县	人居环境	4	台前县	县长	10
濮阳县	海通乡	2	内黄县	人居环境	2	伊川县	选调	7
汝阳县	刘店镇	2	郸城县	乡风文明	2	虞城县	座谈会	4
舞阳县	辛安镇	2	封丘县	夜校	3	舞阳县	座谈会	4
西华县	皮营乡	2	嵩县	种植	2	潢川县	座谈会	3
淅川县	上集镇	2						
范县	白衣阁乡	1						
桐柏县	吴湾村	1						

注：53 个贫困县中，因新蔡县、鲁山县、南召县、淮滨县、栾川县、宜阳县、民权县、宁陵县、淮阳县、上蔡县、确山县、叶县、泌阳县、正阳县 14 个县发文太少或未出现有重要意义的高频词，表中未列出。

2. 基层党建是乡村振兴有序实施的重要领域

河南省各贫困县充分结合地方特色，对乡村振兴关键领域的切入点选择差异显著。首先，"党建"出现次数最多，有 7 个县以"党建"为主要切入点，凭借基层组织在脱贫攻坚过程中打下的坚实基础，在乡村振兴中继续发挥其强大的领导与协调作用。其中，新县就提出了"支部共建共融"措施，其人社局、应急管理局、公路管理局等各部门积极参与，携手助力乡村振兴。其次，"旅游""人才""人居环境"出现频数次于"党建"，乡村人居环境问题突出，实施人居环境整治，不仅满足了生态宜居的要求，也为实现全域旅游、吸引各地人才创造了条件。再次，"产业"是促进农业转型、构建现代农业体系的基础，而"金融"则是助推产业升级的重要手段。最后，"电商""夜校"等新兴模式的作用逐渐凸显，"美丽"乡村建设也在稳步推进。因此，脱贫攻坚时期组建的成熟且有力的基层组织，在乡村振兴时期依然发挥着重要作用，并且需不断优化完善，从而更好地适应乡村振兴的新目标与新要求。

3. 深度调研是乡村振兴稳步推进的关键行动

推动乡村振兴健康有序进行，要规划先行、精准施策。河南省53个贫困县在新闻报道中明确提到地方乡村振兴规划的有16个县，占比为30.2%，如新蔡县于2019年7月召开乡村振兴专项规划编制推进会，台前县先后于2018年5月、6月和8月召开了乡村振兴战略设计研讨会、示范村规划设计汇报研讨会、规划编制专题研讨会。虽然大部分贫困县并未在新闻中明确提出地方的乡村振兴战略规划，但是这并不代表没有规划。事实上，从各县实践中可以发现，许多地区已经依据地方规划开展了多项乡村振兴项目。关键行动方面出现频率最高的词语是"调研"，这主要反映了地方领导对乡村振兴工作的督促与实地考察。其中，虞城县领导自2017年10月以来，至少19次深入基层考察乡村振兴工作，这对地方政府掌握各地乡村振兴工作进度以及政策落实情况非常必要。个别地区还创新工作方式，系统对接乡村振兴工作，如夏邑县北岭镇组织全镇领导班子成员60余人，对35个村开展"逐村观摩、整乡推进"现场观摩活动；伊川县于2019年3月起，计划面向全县选调100名左右工作人员充实到乡镇，开展乡村振兴工作。因此，与脱贫攻坚过程长期驻扎、精耕细作的方式不同，乡村振兴更注重广泛的实地调研，从而有效把控乡村振兴进度，推动全县整体发展。

第三节 河南省脱贫攻坚与乡村振兴衔接阶段识别

中共中央、国务院印发《乡村振兴战略规划（2018—2022 年）》指出，"到 2020 年，乡村振兴的制度框架和政策体系基本形成，各地区各部门乡村振兴的思路举措得以确立，全面建成小康社会的目标如期实现"。因此，本章按照规划先行、示范引领、制度完善的基本路径，将河南省 53 个贫困县乡村振兴发展状况划分为规划设计、重点突破和框架成型 3 个阶段（见表 8-2），以判断各县脱贫攻坚与乡村振兴有机衔接的状况。

表 8-2　各贫困县乡村振兴发展阶段

阶　　段	地　　区
规划设计(19)	新蔡县、淅川县、汝阳县、鲁山县、范县、南召县、桐柏县、淮滨县、栾川县、宜阳县、民权县、宁陵县、潢川县、淮阳县、上蔡县、确山县、叶县、泌阳县、正阳县
重点突破(29)	兰考县、沈丘县、嵩县、卢氏县、台前县、洛宁县、封丘县、柘城县、睢县、虞城县、光山县、固始县、太康县、商水县、郸城县、平舆县、内黄县、濮阳县、社旗县、方城县、夏邑县、息县、西华县、扶沟县、汝南县、商城县、原阳县、舞阳县、罗山县
框架成型(5)	滑县、新县、镇平县、内乡县、伊川县

一　规划设计阶段

处于规划设计阶段的贫困县共有 19 个，其中 9 个县于 2019 年脱贫摘帽。该阶段贫困县对乡村振兴的关注度整体较低，总发文量均未超过 20 篇；除了桐柏县，其余地区最早发文时间均在 2018 年以后。15 个县在发布的新闻中，并未明确指出地区乡村振兴规划编制工作的开展情况，即使发布了规划编制相关信息，要么规划成型时间较晚，要么后续项目成效并不明确。如潢川县 2019 年 3 月召开乡村振兴项目申报会以及试点村规划设计汇报会，7 月召开地区乡村振兴规划座谈会，10 月召开规划征求意见座谈会，此时距《乡村振兴战略规划（2018—2022年）》发布已有 1 年之久，不仅规划论证时间较长，也没有明确指出围绕乡村振兴关键目标已经开展了哪些工作、取得何种成效。因此，处于规划设计阶段的贫困县脱贫摘帽时间普遍较晚，工作重心转入乡村振兴的时间不长，目前仍以乡村振兴规划的论证与编制为主，重要领域还未取得突出成绩，乡村振兴体制机制框架更是未见雏形。

二　重点突破阶段

处于重点突破阶段的贫困县数量最多，共有 29 个，超过河南省贫困县总数的一半。处于该阶段的贫困县虽然在发文总量、发文频率、时间跨度上差异较大，但有一个共同特征，即围绕乡村振兴的关键要求，已经在某个领域取得了不错的成绩。如原阳县自 2019 年 3 月以来陆续在全县各地举办"贫困妇女就业培训班"，邀请推拿、护理、家政等各行专家前来讲学，最大限度地调动和激发妇女脱贫积极性。针对农村大量留守妇女的各项职业培训工作，不仅符合当前农村发展的现实情况，也能够满足拓宽增收渠道、实现共同富裕的根本要求。洛宁县出台的"党建引领，三治并进，服务进村"创新乡村治理工作实施方案，围绕治理有效关键要求，在 2019 年投入 8000 余万元，重点谋划实施 22 个党建项目，已初步构建了具有洛宁特色的乡村治理体系，推动基层组织建设迈出了新步伐。因此，处于重点突破阶段的贫困县虽然乡村振兴的体制机制框架还未见雏形，但在脱贫攻坚的基础上，围绕乡村振兴关键要求已经取得突破性进展，并尝试探索具有地方特色的振兴道路。

三　框架成型阶段

基于脱贫攻坚成果利用程度以及乡村振兴路径探索进展的分析结果

表明，截至 2019 年 11 月河南省 53 个贫困县中有 5 个县已经打造出了独具特色的乡村振兴道路，且乡村振兴体制机制框架已初步形成（见表 8-3）。滑县始终坚持产业振兴的首要位置，通过产业振兴带动其他领域振兴，并确立了"调结构、抓产业、抓税收"的主攻方向，明确了乡村振兴的阶段性任务。新县深度挖掘并大力弘扬大别山革命老区精神，坚持"绿水青山就是金山银山"基本原则，以全域旅游为抓手，跑出乡村振兴加速度，已经成为全国乡村振兴的典范。镇平县于 2018 年入选了电子商务促进乡村振兴十佳案例，相继建立同富小康大数据中心和同富小康电商平台，从脱贫到致富持续发挥其电商平台的积极作用，有效盘活农村资源，加速农业现代化进程。内乡县是南阳市首家金融业服务乡村振兴示范区试点，以打造区域性金融高地为战略目标，积极探索银政企长效合作机制，打造"银行+保险"服务乡村振兴内乡模式。伊川县继承并发扬了脱贫攻坚时期干部驻村的工作机制，选调大批人员下沉基层从事乡村振兴工作，并坚持壮大集体经济的发展道路，80% 以上的行政村已实现集体经济收入"零突破"。因此，处于框架成型阶段的贫困县，不仅充分利用脱贫攻坚积累的良好成果，还在此基础上不断契合乡村振兴目标，打造特色振兴道路。由此取得的突出成绩，不仅验证了当前体制机制框架的稳定性与适应性，也为其他地区乡村振兴提供了参考模板。

表 8-3　框架成型阶段部分贫困县乡村振兴特色路径

地　　区	乡村振兴特色路径
滑　　县	调结构、抓产业、抓税收，把产业振兴放在第一位，推动人才振兴、组织振兴、文化振兴、生态振兴
新　　县	弘扬大别山革命老区精神，以全域旅游为抓手，跑出乡村振兴加速度
镇平县	淘宝村、淘宝镇助力乡村振兴工作
内乡县	强化金融手段，打造银政企共推乡村振兴的创新模式
伊川县	人员下沉强化基层组织，壮大集体经济推动乡村振兴

第四节 案例分析：脱贫县结对帮扶政策衔接路径

结对帮扶一直是我国扶贫工作的关键抓手。从 20 世纪 90 年代末的"科学组队"，到持续十多年的计划单列市对口帮扶贵州省，再到精准扶贫战略的实施，结对帮扶通过规范模式、拓宽主体、深化影响，帮扶体系不断完善，既打通了地域阻隔，又整合了社会资源，成为贯穿脱贫攻坚始终、持续推动扶贫工作有效推进的关键机制。

脱贫攻坚时期的结对帮扶，通过帮扶责任人与贫困户的结对，实现了帮扶责任人个体资本与扶贫资源整合后对贫困户的支持。因此，贫困户向谁"借力"与如何"借力"是影响脱贫质量的关键。于是，帮扶主体为了统一目标、多办实事、方便管理，普遍采用"接力赛"的方式稳定结对、持续派人，逐渐替代了基础组织权力并主导了扶贫工作。全面打赢脱贫攻坚战，标志着我国进入解决相对贫困问题的"后扶贫时代"。结对帮扶依然是落实帮扶措施的重要手段，但一方面要构建长效机制解决相对贫困问题的制度供给，另一方面要适应相对贫困人口规模大、范围广、流动强、更新快的特性。在此背景下，从地理学视角审视县域结对帮扶的组织机制，同样可以为解决上述问题提供参考。

本节以河南省潢川县为例，探讨脱贫后结对帮扶政策的衔接路径，助推乡村振兴发展。潢川县位于河南省东南部、信阳市中部，南依大别山，北临淮河。全县下辖 4 个街道、9 个镇、8 个乡，有 1 个国有农场、1 个产业集聚区，总人口 88.24 万人，总面积 1666.1 平方千米。潢川县作为国家级贫困县，于 2018 年脱贫摘帽[①]，全县 261 个行政村（其中 83 个贫困村）累计脱贫 2.2 万户 8.5 万人。潢川县贫困发生空间格

① 《河南省 2018 年 33 个县退出贫困县新闻发布会》，http：//www.henan.gov.cn/2019/05-09/792016.html。

局表现出边缘集聚特征，贫困人口超过 6000 人的乡镇大部分位于县域南部，贫困人口超过 1000 人的村大部分位于县域边缘。

一 脱贫攻坚时期结对帮扶实施过程与成效

1. 主体选择与结构特征

一是帮扶主体类型多样，但县级结对占比高。潢川县帮扶主体来源于市、县、乡、村四级行政体系，覆盖国家机关、国有企业、事业单位、群众自治组织、民营企业、社会团体、中等专业院校等多个领域，但其选择范围相对集中。市级单位仅有信阳市机关事务管理局、老干部局、卫计委和政府办公室 4 家，县级单位数量少（占比 22.33%）但结对帮扶的贫困户数最多（占比 43.50%）。县级国家机关帮扶 33.91% 的贫困户，占比最大；其次为村委会（33.24%）、事业单位（25.68%）和国有企业（4.42%），其余类型占比均不足 3%。因此，帮扶主体主要来源于县级，而党政机关依然是结对帮扶的核心力量。

二是帮扶责任人来源广泛且素质高、有特长。潢川县帮扶责任人中科级以上人员占比为 11.75%，各级干部几乎全员出动。中共（预备）党员占比达到 65.77%，体现了党员的模范带头作用。55.38% 的帮扶责任人拥有大专及以上学历，有 55 人拥有硕士及以上学历。超过 10% 的帮扶责任人拥有种植、养殖、林果等专业技术特长。因此，帮扶责任人不仅文化水平高、政治素养好，还能在部分专业领域给予贫困户技术指导。

2. 结对模式与空间格局

一是"一对一"与"接力赛"共存，与"人"结对变成与"村"结对。潢川县帮扶单位倾向于和某一镇村"一对一"结对，并通过持续派人的"接力赛"落实结对帮扶。其中，86.25% 的县级单位将人员分配到同一乡镇，77.50% 的县级单位将人员分配到同一个村。帮扶单位平均派出约 10 人次，人均帮扶 3 户，时长接近 4 年。县级单位主要与贫困村结对，83 个贫困村中 65.1% 的村承担最多帮扶任务的是县级单位，平均帮扶力度达到 46.2%。与扶贫开发工作密切相关的部门，如人社局、教体局、住建局、交通局、水利局等，帮扶力度均在 80% 以上，几乎实现一个单位完全覆盖一个贫困村。由于帮扶责任人同样选择集中到某村，不搞跨村工作，结对贫困户 97.83% 生活在同一村，结对帮扶关联网络复杂度不足且互通性差，表现为网络密度与接近中心势均较低。虽然如此安排利于管理并保持帮扶持续性与稳定性，但实质上结对模式已经由"帮扶责任人—贫困户"转变为"帮扶单位—镇村"，为后续扶贫资源倾斜与县域发展失衡埋下伏笔。

二是帮扶资源向脱贫任务重的乡镇显著倾斜，但与县域产业发展格局并不吻合。笔者将潢川县各乡镇按贫困规模排序后考察帮扶单位与帮扶责任人的关联情况，发现帮扶资源向贫困人口规模大的乡镇倾斜明显。其中，贫困户超过 1000 户的乡镇中超过半数（53.33%）与国家机关结对，该比例在贫困村中也接近一半（48.19%）；县级单位派出的帮扶责任人 99% 在贫困村，其中 77.39% 为中共（预备）党员，81.74% 拥有大专及以上学历。各子网络的度数中心势均高于接近中心势，同样反映了集聚特征。相对点度中心度表现出类似变化，贫困人口规模较大的乡镇各项指标均较高。其中，魏岗乡因结对帮扶需求最大（21 个村有贫困户）、结对单位最多（98 个），使得整体相对点度中心度最高。仁和镇与仅有的两个中等专业院校（潢川县幼儿师范学校、信阳工业学校）结对，导致单位类型相对点度中心度较高。然而，对技术人员的分配，却与之相反。缺技术（占比 24.66%）是潢川县仅次于因病致贫（占比 44.98%）的第二大致贫原因，若按此分配，技术人员应该集中到贫困人口规模大的乡镇，但贫困人口规模大的乡镇技术人员分配相对较少，实际分配情况与各乡镇发展趋势相关。例如，江家集镇林业、茶产业规模突出，大量接收林果业技术人才；伞坡镇河流众多、降水丰富，小龙虾养殖迅速崛起，大量接收养殖业技术人才；卜塔集镇是全国闻名的花卉之乡，大量接收种植业人才。上述分析结果表明，结对帮扶引导下的资源下沉，重点还是在短期内实现贫困户个体脱贫，与区域产业发展格局并不一致，即扶贫与开发实际上是"两张皮"运作，扶贫资源配置没有与区域发展有机融合，在一定程度上限制了资源下沉后效能的释放。

3. 帮扶成效与存在问题

一是特色扶贫产业迅猛发展，传统优势产业不断升级。潢川县"稻虾共作"面积由 2016 年的"0"发展到现在的逾 20 万亩，成为全县脱贫攻坚与产业发展的重要抓手，受到河南省的高度赞扬。在此期间，结对帮扶发挥了积极作用。如伞陂镇邬堰村贫困户罗某因缺技术致贫，镇国土资源所选派养殖业技术人才对其结对帮扶，其在扶贫小额信贷资助下发展小龙虾与生猪养殖业，生产经营性年收入超过 20 万元，由贫困户变成致富带头人。此外，原有优势产业也迎来发展机遇。如卜塔集镇作为"全国花卉生产示范基地"，已由"一村一品"升级到"一组一品"，产品类型日益丰富，产业规模愈发壮大。

二是资源倾斜导致县域发展失衡，政策瞄准欠佳。为凸显工作成效，结对帮扶对象通常并不"弱"，尤其是县级干部帮扶对象，容易被包装为"亮点村""明星户"，造成"精英捕获"。如双柳树镇付营村，该村是市领导的教育实践活动联系点，有两户贫困户由县委副书记结对帮扶，曾于 2018 年初举办"稻虾共作"精准扶贫项目培训会，产业扶贫成效突出。实际上，该村贫困人口规模在全县 83 个贫困村中仅排第 60 位。资源倾斜加剧了区域发展失衡，特别是非贫困村。截至 2018 年底，潢川县 63.84% 的未脱贫人口分布在非贫困村，甚至有一个非贫困村贫困发生率大于 2%，脱贫摘帽后有可能成为相对贫困集中地区。而技术人员分配倾斜，又暴露出政策瞄准欠佳的问题。因缺技术致贫的贫困户中，仅 4.12% 与技术人员结对；技术人员结对的贫困户中，仅

10.13%因缺技术致贫。虽然结对帮扶匹配度较低与技术人员短缺有关，但人才短缺问题长期存在，扶贫资源空间配置特征与区域协调发展目标的矛盾才是问题产生的根源。

二　"后扶贫时代"结对帮扶政策的衔接路径

1.政策衔接的基本思路

上述分析表明，脱贫攻坚时期县域结对帮扶的组织实施过程确实存在以贫困人口规模为依据分配扶贫资源的简化操作，不利于区域协调发展。这为过渡期政策衔接指明了方向：一要解决隐性结对过程中帮扶单位对扶贫资源的过度吸引，可以考虑避免帮扶主体与帮扶对象直接结对，结对方式由人与人结对变为群体与群体结对；二要缓解人才长期短缺现状，除了寻求外部援助外，可以考虑借助"互联网+"改变服务供给模式。而"后扶贫时代"对常态化帮扶机制构建的需要，实质上是在结对帮扶体现公共服务精准性的基础上，又提出了精细化的要求。因此，在解决前述问题的基础上，还要体现精细化管理内涵，促进乡村治理现代化。

基于上述分析，本章认为探索乡村网格化管理是解决上述问题并推动政策衔接的关键。网格化管理是流动社会背景下产生的协同治理机制，是治理现代化的重要标志，能够有效解决上述问题。第一，网格化管理可被视为结对帮扶的特殊模式，主体范围扩大后居住群体与服务团队通过网格间接结对，避免了因直接结对而产生的资源倾斜。第二，网格化管理在信息技术支持下，借助"互联网+"平台可以极大地提高工作效率，有效缓解人才短缺问题。第三，网格化管理"横向到边、纵向到底、全面覆盖、不留死角"的整体性管理模式，充分体现了治理精细化的内涵，更符合健全常态化帮扶机制的要求。此外，网格化管理也是国家推动乡村治理现代化的主要方向："探索以网格化管理为抓手，推动基层服务和管理精细化精准化"是乡村振兴治理有效的重要途径①；"推动化解各类矛盾问题，实行网格化管理和精细化服务"是新派驻村工作队的主要职责②；"乡村干部、驻村干部、乡村网格员"等是实现常态化监测预警的基层力量③。因此，实施乡村网格化管理可以成为推动政策衔接、构建常态化帮扶机制的重要途径。河南省县域结对帮扶网格化管理体系如图8-2所示。

为避免权力下沉削弱群众自治力量，网格化管理中协调机构的职能定位需有效明确，乡村网络员队伍应保持稳定，按"角色转型—信息化改造—体系重构"的思路构建"后扶贫时代"结对帮扶机制。首先，一个网格服务团队至少需要调查员、上传下答的管理员、供给服务的业务员以及监督考核的督导员，乡村网格员均由原帮扶责任人转型而来。其次，明确人员分工后还要确保信息高效传导。各地实施多年的农技推广网络"打通最后一公里"工程为此创造了条件。可以在农技推广网络的基础上，借助"互联网+"平台实现信息化改造。最后，网格化管理的长效运营需要体制机制协调，避免职能弱化引发的部门协调不畅。由于扶贫办在脱贫攻坚时期未承担结对帮扶任务，专心做协调工作，在扶贫办改组为乡村振兴局过程中，可以考虑通过重塑部门职责与地位，实现部门功能的体制机制衔接。

2. 政策衔接的主要路径

一是推动帮扶责任人角色转型。首先，调查员由村民小组推选。其次，管理员来自曾经承担结对任务但已解除结对关系（实现稳定脱贫）的人员。调查员与管理员结对以帮扶村民小组，实现村级网格管控。再次，业务员从县、乡职能部门选拔并与村结对。最后，由调查员、管理

---

① 2018年9月26日，中共中央、国务院印发《乡村振兴战略规划（2018—2022年）》。

② 2021年5月11日，中共中央办公厅印发《关于向重点乡村持续选派驻村第一书记和工作队的意见》。

③ 2021年5月14日，中央农村工作领导小组印发《关于健全防止返贫动态监测和帮扶机制的指导意见》。

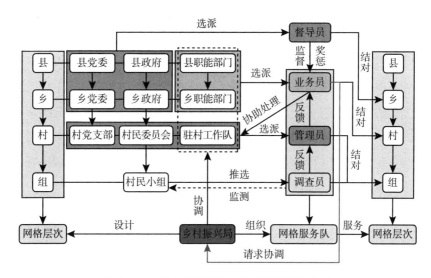

图8-2　河南省县域结对帮扶网格化管理体系

员、业务员构成的网格服务团队，接受由县、乡党政干部构成的督导员的监督。至此，通过角色转变，构建包含调查员、管理员、业务员的网格服务团队，并在督导员的监督下，形成管理员与调查员包组、业务员包村、督导员包乡的结对帮扶新模式。

二是创新基层农技推广模式。首先，借鉴滑县农技推广创新模式①，以覆盖面较广的通信软件为基础，快速搭建线上网格化管理体系，重点解决信息及时有序传导问题。其次，逐步开发与完善满足地方需求的网格化管理信息服务平台，重点解决县域部门资源与信息共享问题。最后，提升平台大数据分析与研判能力，重点解决基层问题被发现后的首次反馈耗时与任务安排精度等问题，从而构建信息传导通畅有

---

① 河南省滑县早在 2013 年就开始尝试利用飞信与 QQ 视频探索现代化农技推广模式，随后自主开发农业管理系统平台，并逐步构建"县级农技中心—乡镇级农技区域站—村级农技联络员"的新机制，利用"互联网+"优势让每个农民都可以享受动动手机就能解决种地问题的"保姆式服务"。

序、问题发现反馈及时、任务分配高效合理的网格化管理服务平台。

三是构建乡村网格化管理体系。首先，推动组织平移，继承脱贫攻坚时期建立的结对帮扶关系网络。其次，完善制度体系，规范网格层次设计、服务团队组织、职能部门协调、管控成效评估等制度。最后，明确工作机制，按"县—乡—村—组"网格层次，构建调查员主动发现监测机制、管理员信息汇总管控机制、业务员协助处理服务机制、督导员监督奖惩考核机制。如此设计有以下几方面优点：①没有打破原有乡村治理体系，同时凸显了村民自治力量；②贯彻"横向到边、纵向到底、全面覆盖、不留死角"的管理模式，打通服务下行渠道；③稳固乡村振兴局职能地位，统一目标并确保队伍稳定。

第五节　本章小结

本章利用网络爬虫技术，通过 NLP 对河南省 53 个贫困县 2017 年 10 月 18 日至 2019 年 11 月 18 日公开发布的 1124 条新闻标题进行了语义分析，主要结论如下。

（1）各贫困县在发文总量、发文频率、时间跨度等方面差异显著，脱贫摘帽的时间早晚是关键影响因素。个别地区脱贫攻坚与乡村振兴能够实现协同并进，但在摘帽之后大幅提高乡村振兴关注度的情况依然普遍存在。

（2）以乡镇为枢纽传导政策措施的方式，符合乡村振兴的宏观视角与统筹思想。而强化基层组织与开展广泛调研的做法，是对脱贫攻坚良好成果的继承与发扬，也再次证明完善管理与监督机制对有序推进乡村振兴工作非常关键。

（3）调查数据显示，截至 2019 年仅有 5 个县已经打造出了独具特色的振兴道路，到 2020 年乡村振兴体制机制基本成型。然而，半数地区还未确定乡村振兴主线，继续扩大脱贫攻坚成效；1/3 的地区甚至仍在进一步论证地区乡村振兴规划。

（4）脱贫攻坚时期，县域多元主体参与扶贫过程，通过稳定结对、持续帮扶等方式，激发了贫困户内生动力，促进了区域产业发展。但目标考核导向下的个体脱贫成效聚焦，导致政策实施瞄准欠佳，引发扶贫资源配置倾斜及区域发展失衡。结合"后扶贫时代"相对贫困的特征，本章提出结对帮扶的"角色转型—信息化改造—体系重构"框架，依托"县—乡—村—组"多维尺度，构建乡村治理精细化目标导向的县域结对帮扶网格化管理体系，助推结对帮扶模式转换与政策衔接，促进"后扶贫时代"乡村治理现代化。

第九章
振兴路径：城乡一体化视角的农区乡村振兴路径

县域尺度的城乡一体化类型是典型农区科学推进新型城镇化、实施乡村振兴战略的重要依据。本章采用因子—聚类分析方法及 ArcGIS 空间分析技术构建了城乡一体化评价指标体系，发现经济发展与公共服务、现代农业发展、居民消费结构、固定资产投资、居民收入水平是影响河南省县域城乡一体化发展的五个关键因素，并将县域城乡一体化划分为现代农业发展城乡一体化、固定资产投资城乡一体化、经济发展与公共服务城乡一体化、居民经济收入城乡一体化四种类型。河南省是我国重要传统农区，省域乡村振兴路径系统应以深度贫困和粮食高产县区为重点区域。因此，应基于城乡一体化地域类型差异，构建农业现代化发展、三产融合发展、新型城镇化发展、社区共同体建设主导的乡村振兴路径体系，提升要素结构功能，实现乡村地域系统稳定可持续发展。

城乡是两种不同的空间组织形式，城乡地理空间、经济空间、社会空间的协同发展是实现城乡一体化发展的关键（陈锐和牛文元，2007）。我国存在的特殊城乡二元经济结构，严重阻碍了城乡关系的协调和农村经济水平的提高，是引发"三农"问题的关键所在。自2004年以来，中央一号文件连续聚焦"三农"问题，各级、各地政府开始着力推进城乡一体化、打破城乡二元结构，城乡统筹、城乡经济社会发展一体化成为其工作重心。在推动城乡一体化发展的过程中，政策制度、经济发展、府际关系等均对其产生影响。其中，土地集体所有制、城市导向发展是城乡一体化发展的主要障碍（厉以宁，2010；刘红梅等，2012）；经济发展、制度创新是城乡一体化的主要驱动力量（张果等，2006；康胜，2010）；政府与市场关系的协调、地方政府关系的优化、政区体制的转型等（蔡书凯和何朝林，2015；陈修颖和汤放华，2013），都对城乡一体化起到积极的推动作用。在多种因素的综合作用下，工业化进程、农业增长和政治发展促使城乡一体化发展凸显阶段性特征；在空间上，城乡的整体性和相互依存性又使得城乡一体化模式具有显著的地域特点（李明等，2014；陈修颖和汤放华，2013）。国内学者在对欠发达地区城乡一体化的研究中发现，我国中西部地区城乡一体化水平普遍偏低，区域发展不均衡，乡村新型城镇化成为城乡一体化任务的重点所在（朱金鹤和崔登峰，2012）。现有研究中，县级城市作为联系城乡的关键节点和兼顾城乡发展的重要切入点，越来越引起学者的关注，强县扩权、分阶段及分层次的中心镇改革发展成为推进我国城乡协调发展的重要路径（殷广卫和薄文广，2011）。

综上所述，虽然我国城乡一体化的理论研究和实践探索都得到显著发展，但现有研究区域集中在东部沿海发达地区，也涉及中西部经济欠发达地区，但传统农区作为一种特殊的地理空间单元，仍缺乏有效关注；同时，传统经济驱动型的城市化、半城市化并不适宜于河南省县域的城乡一体化发展，其相关研究理论和方法也难以有效明晰欠发达农区城乡一体化进程中的差异性特征与复杂性问题。因此,本章以河南省为例,基于因子—聚类分析法和 ArcGIS 空间分析技术,通过综合指标体系的构建,在县域城乡一体化特征及形成机理研究的基础上,量化研究农区城乡一体化类型及形成机制,并提出进一步优化城乡一体化发展的政策建议,为促进河南省城乡一体化发展提供理论基础。

第一节　研究数据与方法

一　研究思路

城乡一体化是城市和乡村在多领域的相互交流过程,也是城乡关系发展的最终结果。由于目前城乡关系还处于一个动态变化的阶段,我们主要通过比较城乡差别来量化城乡一体化状态。据此,本章构建了县域空间格局、人口与经济、社会服务、生态环境、生活质量五大类要素体系,科学考察和评价城乡一体化类型。首先,构建量化评价模型,主要包括评价指标体系的构建。其次,在构建评价指标体系的基础上获得研究数据,并对数据进行归一化处理。最后,对各评价单元及评价指标进行因子—聚类分析。因子—聚类分析方法在于找出不同驱动因子,快速对不同县域的城乡一体化驱动因子进行聚类分析(K-Means Cluster Analysis),从而有效刻画城乡一体化不同类型区。

二　指标体系与数据来源

城乡一体化评价涵盖空间格局、人口与经济、社会服务、生态环境、生活质量五个领域,指标层通过 15 个具体指标实现其量化表达,由此建立一套量化考察城乡一体化的评价指标体系(见表 9-1)。

表 9-1　城乡一体化评价指标体系

目标层	准则层	指标层	计算方法
空间格局	交通	公路网密度	公路里程/土地面积
	空间结构集中度	空间结构集中度	$P=100-\dfrac{1}{2}\sum_{i=1}^{n}(G_i-R_i)$，$P$ 是空间集中程度，G_i 是 i 县 GDP 占 i 县所在地级市 GDP 比重，R_i 是 i 县人口占 i 县所在地级市总人口比重
人口与经济	经济发展	人均 GDP	县 GDP/年末人口
	工业部门劳动力	非农就业人口比例	农村非农就业人口/农村就业人口
	财政投资	财政对农业支持的相对比例	财政对农业投资占总投资比例/农业产值占 GDP 比例
		城乡固定资产投资比例	农村固定资产投资/城市固定资产投资
	生产效率	城乡生产率指数	$Q=\sqrt{\dfrac{V_1/E_1}{V_2/E_2}}$，$V_1$、$V_2$ 分别是农业、第二三产业增加值，E_1、E_2 分别是农业、第二三产业从业人口
社会服务	文化教育	每万人普通中学在校生数	普通中学在校生数/年末总人口
	健康服务	每万人医院病床数	医院床位数/年末总人口
生态环境	生态环境	当年造林面积	当年造林面积
		化学肥料使用	化学肥料使用规模
生活质量	收入差异	城乡居民收入比	农民家庭净收入/城市居民家庭可支配收入
		基尼系数	$G=1.67-20.22(1/A)-0.89*lnA$，$G$ 是基尼系数，A 是各县（区）GDP
	消费差别	城乡居民恩格尔系数比	农村居民食物支出与总支出比/城市居民食物支出与总支出比
		城乡居民生活消费水平比	城市居民消费支出/农村居民消费支出比

注：数据来源于《河南省统计年鉴（2013）》、河南各地市 2013 年统计年鉴、河南省各地市 2012 年统计公报。其中洛阳市区的公路网密度、新乡市区每万人普通中学在校生数没有分区数据，按照平均值处理；另外，许昌市魏都区部分数据缺失，将其并入许昌市建安区，所以目标样本从 159 个减少至 158 个。

第二节　河南省城乡一体化地域类型

一　提出主因子

本章使用SPSS19.0对城乡一体化评价指标进行因子分析，KMO检验值为0.66，球形检验 p 小于0.001，表明变量符合因子分析方法要求。经正交旋转并以特征根大于1为标准，结合碎石图结果，本章选取5个主因子，共解释61.040%的方差（见表9-2）。旋转后因子载荷矩阵如表9-3所示。

表9-2　主因子特征根及方差贡献率

主因子	特征值	解释的方差比例(%)	累计贡献率(%)
1	3.669	24.460	24.460
2	1.680	11.202	35.662
3	1.541	10.275	45.937
4	1.188	7.918	53.855
5	1.078	7.185	61.040

第一主因子（经济发展与公共服务）的特征值为3.669，贡献率为24.460%，该主因子与"人均GDP""非农就业人口比例""每万人普通中学在校生数""每万人医院病床数"呈较显著正相关，与"基尼系数""空间结构集中度"呈较显著负相关。该主因子得分高的县域主要集中在河南省地级市辖区（见图9-1a）。

第二主因子（现代农业发展）的特征值为1.680，贡献率为11.202%，该主因子与"公路网密度""财政对农业支持相对比例"呈显著正相关，与"化学肥料使用"呈显著负相关。该主因子得分高的县域集中在漯河市、郑州市西部等区域（见图9-1b）。

表 9-3　旋转后因子载荷矩阵

	第一主因子	第二主因子	第三主因子	第四主因子	第五主因子
公路网密度	0.065	0.740	-0.006	-0.027	-0.093
人均 GDP	0.612	0.482	-0.252	0.256	0.186
非农就业人口比例	0.391	0.321	-0.364	-0.122	0.037
财政对农业支持的相对比例	0.465	0.530	-0.103	-0.029	0.284
城乡固定资产投资比例	0.106	-0.342	0.075	0.641	-0.040
城乡生产率指数	-0.302	-0.245	-0.133	-0.520	-0.045
每万人普通中学在校生数	0.184	-0.102	-0.122	-0.117	-0.832
每万人医院病床数	0.453	0.451	-0.190	-0.071	-0.187
当年造林面积	-0.227	0.224	-0.069	0.742	-0.015
化学肥料使用	-0.113	-0.679	0.135	-0.349	-0.001
城乡居民收入比	0.044	-0.161	-0.216	-0.135	0.739
基尼系数	-0.781	0.079	0.162	0.031	0.119
城乡居民恩格尔系数比	-0.031	-0.290	0.735	0.206	0.042
城乡居民生活消费水平比	-0.126	0.069	0.853	-0.131	-0.115
空间结构集中度	-0.728	-0.166	-0.082	-0.096	0.081

　　第三主因子（居民消费结构）的特征值为 1.541，贡献率为 10.275%，该主因子与"城乡居民恩格尔系数比""城乡居民生活消费水平比"呈高度正相关，无突出负相关指标。该主因子在豫西、豫南和豫东等外围地区得分较高（见图 9-1c）。

　　第四主因子（固定资产投资）的特征值为 1.188，贡献率为 7.918%，该主因子与"城乡固定资产投资比例"、"当年造林面积"呈显著正相关，与"城乡生产率指数"呈较显著负相关。该主因子得分高的县域集中在鹤壁市、三门峡市、濮阳市及信阳市等区域（见图 9-1d）。

　　第五主因子（居民经济收入）的特征值为 1.078，贡献率为 7.185%，该主因子与"城乡居民收入比"呈高度正相关，与"每万人普通中学在校生数"呈负相关。该主因子得分高的县域主要集中在河南省中部及北部区域（见图 9-1e）。

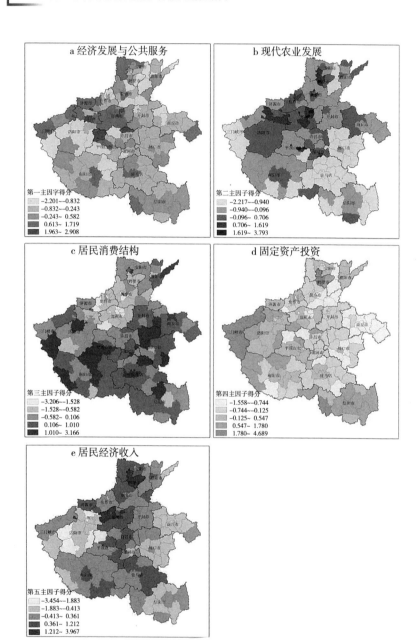

图 9-1　2012 年河南县域城乡一体化五个主因子得分

二　县域城乡一体化类型划分

1. 现代农业发展城乡一体化

现代农业发展城乡一体化类型区共计 71 个县域，主要分布在河南省中部、东部及南部地区（见图 9-2）。受到现代农业发展和居民消费结构的影响，现代农业发展城乡一体化区域是河南省粮食主产区，农业生产所占比例高，城市比例相对较低，人均消费水平较低。以开封市尉氏县为例，其经济发展以农业生产为主，城市覆盖范围小，第二、第三产业驱动力不足，经济发展水平整体滞后，城乡一体化水平总体偏低（见表 9-4）。

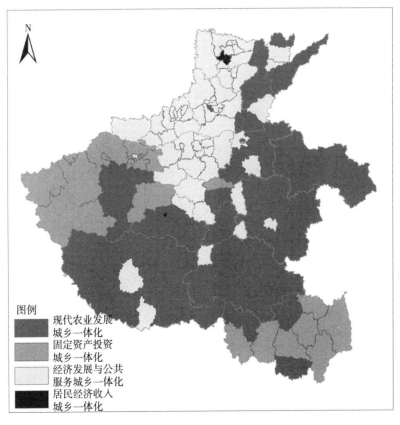

图 9-2　河南省县域城乡一体化空间类型

表 9-4　2012 年河南省城乡一体化类型区特征判别

城乡一体化类型	县域单元（个）	项目	主因子 1（经济发展与公共服务）	主因子 2（现代农业发展）	主因子 3（居民消费结构）	主因子 4（固定资产投资）	主因子 5（居民经济收入）
Ⅰ-现代农业发展	71	平方和均值	0.456	0.904	0.976	0.489	0.331
		平均值	-0.422	-0.452	0.695	-0.341	-0.171
Ⅱ-固定资产投资	26	平方和均值	2.516	1.090	0.460	3.068	2.761
		平均值	0.847	0.099	-0.137	1.167	-1.031
Ⅲ-经济发展与公共服务	58	平方和均值	0.984	0.798	1.175	0.579	0.642
		平均值	0.124	0.396	-0.863	-0.180	0.532
Ⅳ-居民经济收入	3	平方和均值	0.704	6.057	2.539	2.974	8.167
		平均值	0.249	2.170	1.430	1.444	2.713

2. 固定资产投资城乡一体化

固定资产投资城乡一体化类型区涵盖 26 个县域，主要分布在河南省西部和南部地区（见图 9-2），"固定资产投资"因子在该类型区域的平方和均值最大，平均值为正且数值最大。该主因子对应的作用指标为"城乡固定资产投资比例""当年造林面积"，即该类型区域农村固定资产投资比例大，以洛阳市新安县为典型。固定资产投资城乡一体化类型县域与所处地区的自然条件有关，山区丘陵覆盖，基础设施建设投资大，城乡一体化水平整体偏低。

3. 经济发展与公共服务城乡一体化

经济发展与公共服务城乡一体化类型区覆盖 58 个县域单元，主要分布在河南省中部到北部地区（见图 9-2），"居民消费结构"因子在该类型区的平方和均值最大，但平均值为负值且数值最小，表明城乡消费水平差距大是现阶段经济发展与公共服务类型区城乡一体化水平提高的主要障碍。以安阳市北关区为例，该类型县域工业基础较好、第二产业较为发达，但经济发展需注意城乡协调，促进城乡一体化发展。

4.居民经济收入城乡一体化

居民经济收入城乡一体化类型区仅有 3 个县域单元，分别是鹤壁市山城区、鹤壁市鹤山区和平顶山市石龙区，均为市辖区。居民经济收入城乡一体化类型区各县域农村区域比重小，经济收入水平高，经济发展带动强，驱动区域城乡一体化水平总体较高。其中"居民经济收入"的平方和均值为正值且最大，表明人均收入水平提高对城乡一体化水平贡献最大。

第三节　河南城乡一体化类型形成机理

一　核心动力：经济发展

经济发展是城乡一体化发展的核心驱动力，经济发展能有效提升地区城乡一体化水平，经济驱动力越强，城乡一体化进程越快。经济发展与公共服务城乡一体化在三种城乡一体化类型中表现尤为突出，其经济水平呈递增顺序，相应的城乡一体化水平也呈递增排列。可见县域经济发展是城乡一体化提升的关键，也是城乡一体化发展的核心动力。

二　发展拉力：城乡生活水平差异

居民经济收入影响固定资产投资和居民经济收入城乡一体化，居民消费结构影响现代农业和居民经济收入城乡一体化。固定资产投资城乡一体化县域居民收入水平低，城乡一体化水平低。居民经济收入城乡一体化类型中的三个县域均为市辖区，城乡一体化水平高。现代农业发展城乡一体化类型县域中的开封市尉氏县为农业生产主导的县区，消费结构落后，城乡一体化水平低。经济发展与公共服务城乡一体化类型县域中，安阳市北关区城乡消费水平差距大，城乡一体化水平低。生活水平的提高是城乡一体化的重要改善途径，对城乡一体化水平提高有着重要的拉动作用。

三　发展推力：农村固定资产投资

固定资产投资即政府调节作用的影响，是固定资产投资城乡一体化类型区域加快城乡一体化进程的重要手段，农村固定资产投资是城乡一体化水平提升的主要推力，以洛阳市新安县为代表的固定资产投资城乡一体化类型县域分布在中原经济区的外围，山区、丘陵覆盖面积广，政府支持力度大。增加农村固定资产投资是改善该区域城乡一体化格局的重要方式，能够推动区域城乡一体化快速提升。

四　促进因素：城乡空间结构

城乡空间结构对区域城乡一体化水平有着重要影响。区域内农村规模比重高，则城乡一体化水平低；城市规模比重高，则城乡一体化水平高。现代农业发展城乡一体化类型区域以农村县域为主，城乡一体化落后；居民经济收入城乡一体化类型区域主要为市辖区，城乡一体化水平高。另外，不同地区发展的初始资源禀赋不同，城乡发展水平差异显著，对城乡一体化进程有着非常重要的影响。

五　综合机制

因子一聚类分析结果表明，随着城乡一体化水平提高，经济发展的带动作用越来越明显。农村固定资产投资比重增加，城乡交通及空间集中水平提升，有利于推动现代农业发展和提高居民经济收入城乡一体化水平；城乡生活水平差异越大越不利于城乡一体化，县域资源禀赋也是形成当前城乡一体化格局的重要因素。河南省县域城乡一体化发展是多因素共同作用的结果，其综合机制如图9-3所示。

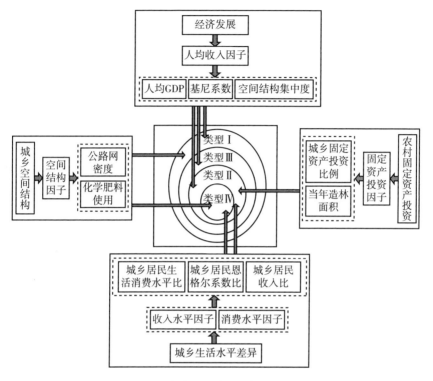

图 9-3　河南省县域城乡一体化综合机制

第四节　基于城乡一体化地域类型的
农区乡村振兴路径

一　乡村地域系统与乡村振兴路径

城乡融合系统、乡村地域系统是由人地关系地域系统理论延伸拓展而来的，是全新认知现代城乡关系、透视乡村发展问题的基本依据（刘彦随，2018），也为从地理学视角探索乡村振兴模式提供理论支撑。乡村地域系统是由人文、经济等构成的主体系统和由资源、环境等构成的本体系统复合而成的。按照其作用方式，乡村人口、土地、产业、文化构成乡村内核系统，区域发展政策调控、工业化与城镇化驱动、体制与机制约束构成乡村外缘系统，内核系统与外缘系统进行物质、能量、信息交换，促使了乡村地域人口结构、产业结构、土地利用结构的变化，以及乡村地域生产、生活、生态、文化功能的不断演化，推动了区域乡村地域系统人地关系的转型与发展。特定区域人地关系背景下的乡村综合地域特征，包括农民、农地、农业以及由此构成的农村环境。差异化的人地关系地域类型具有不同的内核系统和外缘系统，形成差异化的乡村振兴路径和多样化的乡村振兴模式。乡村地域功能具有空间差异性，明晰乡村功能的空间格局对于准确定位乡村振兴模式、实施差异化的乡村振兴路径具有重要意义。

构建乡村振兴路径应正视区域特殊性和功能差异性。根据主体功能规划要求，乡村振兴要立足提升要素结构功能，发挥定位价值，创新乡村地域结构转型与功能提升模式，实现乡村地域系统稳定可持续发展。河南省是我国重要的传统农区，基于城乡一体化现状格局及城乡融合发展目标要求，结合主体功能定位要求，其省域乡村振兴路径系统以深度贫困和粮食高产县区为重点区域，以农业现代化及三产融合发展、村庄整治及生态宜居乡村建设为突破口，以乡村要素激活与城乡要素互动为关键，以乡村集体经济壮大作为重要抓手，以城乡融合发展为目的。基于此，本章拟分别基于现代农业发展、固定资产投资、经济发展与公共服务、居民经济收入四种城乡一体化类型区域，构建乡村振兴路径体系与发展模式，助推河南省城乡融合和乡村振兴发展（见图9-4）。

二 农业现代化发展路径

在传统农业发展类型区，乡村发展的内核系统及外缘系统具有地域特征。其中乡村内核系统表现出人口规模大、人均耕地多、产业发展以传统农业种植为主、农耕文化浓厚的特点。乡村外缘系统中，区位定位

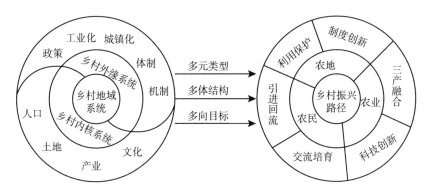

图 9-4 河南省乡村振兴路径体系与发展模式

为粮食主产区，区域资源及生态环境较为良好，但工业化基础薄弱、城镇化水平低。乡村内核系统与外缘系统相互作用，传统农业发展地域类型区在人口与产业结构、土地利用及公共服务配置领域产生新的综合转型特征，主要表现为非农就业比重小、农业生产效率低、城乡居民收入及支出差距大、乡村固定资产投资不足、城乡基础设施空间分布不均衡。

基于传统农区人地关系及发展特征，本章以"农业、农民、农地、农村"为抓手，构建农业现代化发展主导的乡村振兴路径（见图9-5）。①农业。立足河南省粮食主产区定位，基于河南省气候生产潜力核算，实现生产空间格局优化，提高农作物种植效率；推广优质农作物品种，以市场为导向，优化农作物种植结构，提高农作物种植效益；加大农业科技推广力度，提高农业机械和防治病虫害等农业科技使用效率，通过农业科技、创新实现农业现代化发展。②农地。农村发展最根本的是土地制度，其中农村土地集体所有制是所有农村基本制度的灵魂。在农村集体所有制不变的前提下，尽快清晰、确定农村各类土地使用产权，进一步实施三权分置和利益分享，推进土地流转、土地入股，建设家庭农场，扩大农业生产和经营规模，提高农地使用效率。③农民。进一步推进新型城镇化，合理逐步转移农村剩余劳动力，提高非农人口比重；加强农村居民及新型农业生产主体培训，通过引进、培训及返乡人才创业，推进农业多业态融合发展。④农村。在农业、农地、农村、农民共同发展的前提下，农村整体发展条件及发展态势将有明显的改观。但为了实现全方位振兴，农村仍需在基础教育设施均衡发展、乡风治理、村民自治等方面采取措施，如成立乡村红白理事会等民间组织，弘扬乡村优质文化，提升自治水平，促进乡村软硬件全方位发展。

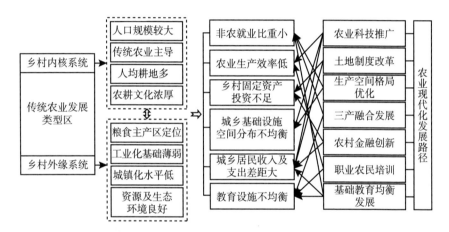

图 9-5　农业现代化发展主导的乡村振兴路径

三　三产融合发展路径

经济发展与公共服务城乡一体化类型区的内核系统与外缘系统与传统农区显著不同，其特征识别也是该区域乡村振兴路径探索的基础。该区域人口规模较大、工业用地占比高，地处豫北平原，土地资源丰富，商贸流通区位优越。就乡村外缘系统而言，经济发展与公共服务类型区位于中原城市群核心区，工业化水平高、城市化进程快，但区域环保形势严峻。乡村内核系统与外缘系统的互动，也造就了该区域特有的乡村系统发展特征，即公共服务配置均衡、农业现代化发展水平高、居民收入水平总体较高。但是该区域也存在诸多发展问题，主要表现在城乡收入差距较大，区域生产、生活、生态空间格局失衡，第一、第二、第三产业结构不合理，生态环境压力大等方面。

　　基于经济发展与公共服务城乡一体化类型区人地关系地域特征以及乡村振兴目标导向，本章以农村、农业、农民、农地为抓手，构建三产融合发展主导的乡村振兴路径（见图9-6）。①农村。确保完善村镇体系及乡村生产、生活、生态空间规划，并借此进行村镇体系规划，引导完善用地空间体系，进一步畅通乡村道路设施、通信网络及服务体系，为第一、第二、第三产业融合发展提供硬件基础。创新农村金融制度，改进农村融资机制，划定商业资本下乡投资边界，确保传统农业发展，提升城乡要素流通水平。创新环境保护体制，完善环境保护监督机构，提升城乡环保水平。②农民。三产融合发展，其核心在于区域农民的职业化和现代化。进一步引导农业科技推广和应用，强化农民技术培训，提升农业技术掌握和适用能力。同时，优化和提升农民合作社发展机制，提升其灵敏感应和适应农业商品市场变化的能力。③农业。推广农业科技和农业新品种应用范围，创新和发展农业新业态，拓展农业和工业、第三产业融合发展渠道，提升市场潜力和农业生产收益。培养新型农业经营主体，鼓励土地流转，培养农业种植大户，从规模化、现代化、技术含量和品质方面提升农业种植收益。④农地。深化农村土地制度改革，深化农地所有权、使用权和收益权的三权分置改革，鼓励农业发展新业态、新模式。基于区域商贸流通优越体系和基础设施支持，利用现代产业技术和物流设施，实现三产融合发展。

四　新型城镇化发展路径

　　固定资产投资城乡一体化类型区乡村地域系统具有突出的地域特征。在乡村内核系统上，地形地貌多为山地和丘陵，林地多、耕地少，区域人地矛盾突出。以传统农业种植为主，由于人均耕地面积小，农业

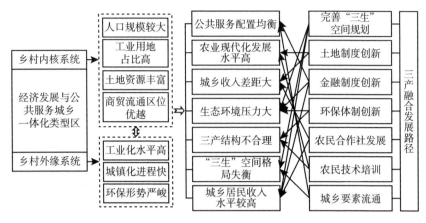

图 9-6　三产融合发展主导的乡村振兴路径

种植产量低、规模化弱，整体经济效益差；区域人口外流及耕地、林地抛荒现象突出，城乡人口及物资交流活跃。在乡村外缘系统上，区域固定资产投资规模大，基础设施和公共服务配置较为均衡；区域工业化基础差、发展滞后，城镇化进展缓慢，资源环境优越。整体上看，豫南及豫西地区虽然财政支农占比较高，但农业生产效率低，城乡收入及消费水平差异大，导致农村生产要素外流严重，区域三产结构滞后。

新型城镇化与乡村振兴本质上是相辅相成的，新型城镇化为乡村振兴创造条件，为乡村振兴战略落实提供实践支撑，是豫南及豫西地区乡村振兴的必要途径（见图 9-7）。①农民。职业化和市民化并进。越来越多的农业人口转向城镇定居，农业人口相对减少。一方面，原来细小分割的碎片化土地资源可以集中连片，农业的产业化、规模化得以有效推进，农业效率提高及市场化进程越发加快。另一方面，越来越多的农村居民定居城镇，市民化机制亟须创新，使进城农民能够尽快稳定地实现安居乐业。②农业。规模化、市场化及高水平科技成果的广泛应用是大势所趋。新型城镇化转移大量农业人口定居城镇，市民化进程加快，农业科技应用广泛。农业科技的发展可以有效推进农业大型机械应用及农业的产业化、规模化经营。紧扣区域物种多样性特征，创新、培育特色农业，推进工业反哺农业、城市带动农村的发展进程。③农地。制度创新与改革势在必行。新型城镇化推进，需要深化农村土地制度改革，以农村土地所有权、承包权、经营权三权分置为契机，统一城乡土地市场，确保农业发展的规模化、产业化和市场化顺利推进，确保农民合法权益得以有效保护。④农村。治理水平提升是关键。新型城镇化转移大批农村精英人口，不利于乡村治理水平的提升。需要加强农村人口科技培训和乡村文化建设，进一步推进城乡产业融合、生产要素一体化，通过鼓励农村精英人口返乡创业和吸引城镇资本投资，提升城乡交流互动，聚集热爱乡村、愿意扎根乡村的城乡居民。同时，完善村民农业合作组织，健全组织功能，扩大其在乡风民俗等领域的引导作用，逐步提升村民自治水平。

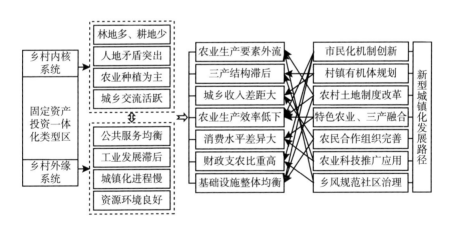

图 9-7 新型城镇化主导的乡村振兴路径

五 社区共同体建设路径

居民经济收入城乡一体化类型区人地关系的内核系统与外缘系统特征突出。该类型区以城镇人口为主导，农村人口少，城市及商业文明发达。用地类型以城镇工业和商业用地为主，以第二、第三产业为主，产业结构较为合理。在乡村外缘结构上，该类型区均为区域政治经济中心所在地，工业化基础好、城镇化水平高，三产结构合理，但环境约束特征突出。总体上看，居民经济收入城乡一体化类型区三产结构较为科学合理，区域生产要素集聚度高；财政支农占比大，农业生产效率较高，基础设施整体均衡；城乡居民收入高、差距小，乡村振兴硬件基础优越。

"打造共建共治共享的社会治理格局"是新时期社会治理目标。居民经济收入城乡一体化类型区经济结构及基础设施等硬件基础优越，基于乡村振兴目标导向，发挥社会组织的作用，实现政府治理和社会调节、居民自治良性互动，通过社区共同建设补齐短板，实现乡村振兴（见图9-8）。①农民。创新市民化机制、提升市民化成效。该类型区域农村居民规模小，市民化压力更在于进城居民在教育、医疗等社会保障及相关福利方面与城市居民更加全面、系统对接，提升区域城乡公共服务均等化质量。②农业。着力发展特色农业新型业态。大规模开展职业技能和农业科技培训，大力发展文化、科技、旅游、生态等乡村特色产业，培育一批家庭工厂、乡村车间等农村新型业态，提升工业反哺农业、城市带动农村水平，实现农业、工业、服务业融合发展。③农地。完善区域土地及村镇体系规划，优化"三生"发展空间。推进规划协调工作，实现区域功能规划、土地规划、城市规划衔接，并进行县域空间村镇体系规划，明确区域人口聚集、经济发展、生态保护空间边界。完善生态保护体制和机制，强化执行过程监督。④农村。强化城乡经济、文化连接，构建社区共同体。以价值为核心、以文化为纽带、以福利为保障，加强社区治理体系建设，提升城乡社区治理水平。其中要提高社区居民的参与度，提升社区服务供给能力和社区文化引领能力，多方协作打造社区治理的"共同体"。

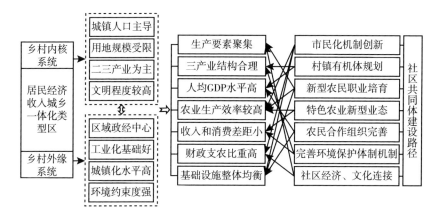

图 9-8　社区共同体建设主导的乡村振兴路径

第五节　本章小结

本章基于 ArcGIS 技术平台和因子—聚类分析方法，探讨了河南省城乡一体化的发展类型和形成机制，并从主体功能区定位及差异化类型区视角，探索乡村振兴路径，得出如下结论。

第一，经济发展与公共服务、现代农业发展、居民消费结构、固定资产投资和居民经济收入是影响河南省县域城乡一体化发展的五个主因子，河南省县域城乡一体化可进一步聚类为现代农业发展城乡一体化、固定资产投资城乡一体化、经济发展与公共服务城乡一体化、居民经济收入城乡一体化四种类型。

第二，经济发展是河南省县域城乡一体化发展的核心动力和关键因素。不同县域的资源禀赋差异影响城乡一体化进程，但农村固定资产投资、城乡生活水平差异是提升县域城乡一体化的重要推动力量，也是政府公共政策干预城乡一体化进程的重要途径。

第三，构建乡村振兴路径应正视区域特殊性和功能差异性。基于城乡一体化地域类型差异，本章构建了由农业现代化发展、三产融合发展、新型城镇化发展、社区共同体建设主导的乡村振兴路径体系，以提升要素结构功能，实现乡村地域系统稳定可持续发展。

第四，基于河南省县域城乡一体化类型及乡村振兴路径构建，本章建议从县域资源禀赋差异、坚持经济建设核心、改善城乡居民消费水平和消费结构三个方面科学合理地加快河南省县域城乡一体化进程，激活乡村要素与城乡要素的互动，助推河南省城乡融合和乡村振兴发展。

第十章
结论与展望

第一节　主要结论

一　关于新时期乡村发展问题研究体系

"三农"问题最早于19世纪90年代中后期被提出，并在2003年被正式写入政府工作报告，成为"全党工作重中之重"，是中国改革的焦点和基本社会问题。"四化"是为探索"三农"问题解决路径而被提出的。"五建设"既是引导问题解决的手段，又是问题解决的理想目标，具有目标与手段二重性。"三农四化五建设"是一个有机、完整的理论体系，其构建具有逐层递进、健全完善的特征，也是中国特色社会主义建设中发现问题、分析并利用规律解决问题的过程。乡村振兴是推进城乡融合和乡村可持续发展的重大战略，也是从根本上解决"三农"问题、实现全面小康社会的必要手段。基于两个百年目标和乡村振兴战略导向，"三农四化五建设"纵向贯通，形成农村产业、农村土地、粮食安全、农村民生等17个研究问题，组成了包括科学问题、成因分析、对策研究3个要素板块的农村问题研究体系。

二 关于河南省区域贫困多尺度特征

河南省是我国粮食主产区，但其社会经济发展总体较为落后，是我国农村贫困人口的重要聚集地，国家及省定贫困县共计 53 个。截至 2018 年 10 月底，河南省还有 48 个贫困县尚未脱贫。河南省区域贫困深度差异显著，大别山区及秦巴山区贫困发生率最高。河南省农户多致贫因素并存，以因病致贫为主；贫困收支严重失衡，支出型贫困特征显著；住房条件较差，不满意群体占比高；学历低、老龄化，脱贫内生动力不足；家庭规模较大，赡养及抚养负担重；精准扶贫过程中，虽帮扶方式多样，但脱贫成效及农户满意度较低。河南省不同地貌类型农户贫困差异大，其中平原与丘陵地区以因病或因残单因素致贫为主，山地地区以因病与缺技术或缺资金双致贫因素并存；不同区域农户收入结构相似，但收入水平及支出结构差异显著；平原地区农户住房条件好，山地和丘陵地区住房安全隐患多；山地和丘陵地区贫困农户受教育结构要优于平原地区。

三 关于河南省县域综合贫困时空格局演变

河南省县域多维贫困水平整体较高且呈极化趋势增长，县域多维贫困存在强烈的空间自相关性且空间差异增大；在空间分布上，县域多维贫困呈东高西低格局，总体上形成核心—边缘半环形空间结构。河南省县域多维贫困地域差异特征显著，中原城市群社会发展水平最高，但县域间差距最大；豫东地区县域社会发展呈较低水平空间均衡。农村县域社会发展水平显著滞后于城市辖区，但其县域间差距却为城市辖区的 2 倍。河南省县域多维贫困与粮食生产格局趋同，县域优势粮食生产区域与多维贫困县域高度一致，粮食高产县域虽持续增加，但其社会经济发展水平仍显著落后，不但证实了传统农区粮食"高产穷县"的研究发现，而且揭示了"粮食越高产、社会不发展"的典型农区现实。河南省县域多维贫困空间格局受区域经济发展、社会政策、空间战略及历史发展路径依赖等因素共同影响，有着显著社会经济综合转型的结构性特征。

四　关于不同地理环境下农户致贫因素及机理

河南省贫困农户总体介于中度贫困和轻度贫困之间，贫困程度整体不深，这是如期打赢脱贫攻坚战的现实基础，但贫困户个体素质、居住地经济发展区位和资源禀赋劣势突出。河南省农户、村域、县域三个尺度的致贫因素及其致富机理差异显著，其中种植业收入比重、16岁以下未成年人比重及转移性收入比重高是河南省农户层面的主要致贫因素；村平均高程、村与乡镇政府距离会加剧农户致贫因素的致贫作用；县域地形、人均GDP及涉农投资与农户贫困水平显著相关，但作用水平及方向因地貌类型不同而异。在不同地貌类型，农户致贫因素的作用机理不同。16岁以下未成年人比重高和医疗费用支出比重高是平原县农户致贫的根源；贫困户家庭种植业收入比重高是山地县农户致贫的关键因素；而在丘陵县，种植业收入和转移性收入比重高是主要的致贫因素，且与乡镇政府距离越远，其致贫作用越强。建议针对不同地貌类型下差异化农户致贫机理，构建多样化的减贫路径与扶贫方案。

五　关于不同地理环境下"空间贫困陷阱"形成机制比较

大别山区与黄土高原地区贫困空间集聚和分布模式存在显著差异，大别山区贫困空间集聚以点状和团块状相间分布为主，黄土高原地区则以团块状分布为主。贫困空间分异成因中，大别山区"地"的作用较强，其次是"业"；黄土高原地区则"人""业""地"3个维度作用强度相对均衡，并形成循环累积。但黄土高原地区的贫困发生率低于大别山区，这表明空间贫困的发生并不取决于致贫因素维度的多少，更重要的是其作用方式与作用深度。与县政府距离是大别山区和黄土高原地区贫困发生最为关键的影响因子。乡村发展过程中"人""业""地"任何一个维度受到剥夺都会影响其他两个维度，甚至形成环状剥夺，引发贫困。其中"地"在贫困发生过程中起着基础性作用，由其构成要素及丰度差异带来的生存压力不同是大别山区和黄土高原地区"空间贫困陷阱"形成机制的显著差异所在。

六 关于不同地理环境下农户脱贫因素及机理

贫困户脱贫是其内生动力与所生活环境相互作用的结果。河南省脱贫户 60 岁以上老人比重、常年务工人口比重、帮扶措施、种植业收入比重、务工收入比重、医疗费用支出比重与脱贫户家庭增收关系最密切，外出务工是脱贫增收最重要的手段，老龄人口并非家庭负担而对脱贫有利，降低种植业收入比重和医疗费用支出比重以及获得帮扶措施均有利于脱贫；村耕地面积、县地形及人均 GDP 差异对脱贫户收入有显著影响，通过作用于农户外出务工选择而影响脱贫成效，表明农户脱贫是其内在动力与地形地貌、帮扶措施、劳动力结构、政策体系等综合外在环境共同作用的结果。技能培训比资金帮扶更有利于激发农户内生动力，促进农户稳定增收和持续脱贫，不仅体现了扶贫政策落实精准，也符合激活贫困户内生动力的原则。

七 关于脱贫攻坚与乡村振兴衔接发展阶段识别

从河南省脱贫县关于乡村振兴的新闻发布情况来看，脱贫县在发文总量、发文频率、时间跨度等方面差异显著，脱贫摘帽的时间早晚是关键影响因素。个别地区脱贫攻坚与乡村振兴能够实现协同并进，但在摘帽之后大幅提高乡村振兴关注度的情况依然普遍存在。以乡镇为枢纽传导政策措施的方式，符合乡村振兴的宏观视角与统筹思想。而强化基层组织与开展广泛调研的做法，是对脱贫攻坚良好成果的继承与发扬，也再次证明完善管理与监督机制对有序推进乡村振兴工作非常关键。调研数据显示，截至 2019 年仅有 5 个县已经打造出了独具特色的乡村振兴道路；半数地区还未确定振兴主线，应继续扩大脱贫攻坚成效；1/3 的地区仍在讨论地区乡村振兴规划。

八 关于城乡一体化视角的农区乡村振兴路径

构建乡村振兴路径应正视区域特殊性和功能差异性。传统农区乡村振兴路径系统应以深度贫困和粮食高产县区为重点区域，以农业现代化及三产融合发展、村庄整治及生态宜居乡村建设为突破口，以乡村要素激活与城乡要素互动为关键，以城乡融合发展为目的。基于城乡一体化地域类型差异，河南省形成了现代农业发展、固定资产投资、经济发展与公共服务、居民经济收入四种城乡一体化类型区域，分别对应构建了农业现代化发展、三产融合发展、新型城镇化发展、社区共同体建设主导的乡村振兴路径体系，以提升要素结构功能，实现乡村地域系统稳定和可持续发展。

第二节 政策建议

一 继续加大对农区农业发展的扶持力度

河南省是国家重要的粮食主产区，粮食稳定生产事关国家粮食安全战略。但目前，河南省县域多维贫困与粮食生产格局趋同，县域优势粮食生产区域与多维贫困县域高度一致，传统农区粮食"高产穷县"现象仍然存在。在城乡差距上，农村县域社会发展水平显著滞后于城市辖区，而且农村县域间城乡发展水平差距更大，不利于城乡融合和一体化发展。因此，国家需要继续加大对农区农业农村发展的支持力度。建议进一步提高粮食生产基本农田的法定地位，确保规模和品质；出台政策措施，全方位、立体保护农业发展收益，尤其是粮食市场价格保护及农资价格的约束。另外，建议加大各级财政对农业农村发展的投入力度，切实提升农村基本公共服务的广度和力度，改善农村公共基础设施，增强社区的可达性，完善公益性项目的多元投入机制。

二 多维多尺度构建乡村振兴的措施体系

河南省农村贫困的多维度、多尺度差异特征显著。应加强对农户、村域、县域的多尺度关注，基于多维度视角，因地制宜、有效瞄准，真正做到精准扶贫、精准脱贫，有效促进区域协调发展，缩小区域发展差距，逐步改善农户生活环境，促进贫困户、贫困村及贫困县的稳定脱贫。

三 区域功能定位引导乡村振兴路径创新

乡村振兴重在推进城乡融合，实现乡村可持续发展。乡村发展路径取决于乡村区域内核系统与外缘系统要素组合。内核系统与外缘系统相互作用，形成具有内生发展动力的发展方式与发展模式。区域发展功能定位源于区域人口规模与结构、资源禀赋、城镇化与工业化、文化传统与特色组合，而上述要素也是乡村发展内核系统与外缘系统的核心部分，因此区域功能定位研究是乡村振兴路径创新的基础和出发点。河南省粮食种植条件优越、历史悠久，是全国粮食核心产区和商品粮基地之一，粮食稳定生产事关国家粮食安全战略。作为传统农区和商品粮基地，河南省乡村振兴应从农业现代化开始，提升粮食品质、提高种植效率、推动农业产业转型升级。推进乡村农业现代化发展，提升农业生产效率，改善供给侧结构，促进新型城镇化和三产融合发展，进一步提升居民收入水平，为乡风治理意识和治理机制完善提供基础。社区共同体是促进乡村居民形成经济共同体、生态共同体、社会共同体的主体意识，是乡村振兴路径体系的意识支撑和软件基础，与基础设施等硬件基础共同驱动乡村可持续发展与振兴。

第三节 研究展望

一 深化农区贫困的理论与实践研究

本书以"三农四化五建设"为研究缘起，初步讨论当前中国农村问题研究的体系，并以河南省为例，通过定量与定性相结合的方法，实证研究了农区区域贫困特征、动态格局、致贫与脱贫机理、乡村振兴路径等问题，发现了一些关于农区贫困及乡村振兴的初步理论与实践认识。上述研究在量化模拟及区域对比方面，仍有待通过系统的案例分析、系统比较给予进一步验证与完善。还需研制更加科学合理的计量模型，利用多维多尺度数据，精准识别不同地理环境下农户脱贫因素及机理，与强化扶贫资源投入绩效分析结合，并借此提炼有效的脱贫模式。

二 着力开展乡村振兴的地理学研究

乡村贫困是当前乡村可持续发展的最大短板，乡村贫困研究的目的并非仅止步于贫困本身特征识别，更是实现新时代乡村振兴的首要任务。乡村振兴的对象是乡村地域系统，因此乡村振兴征程中，地理学大有可为。乡村地域并非均质地域，不同地理环境下乡村地域内核系统与外缘系统要素禀赋组合存在差异，乡村外缘系统与内核系统的相互作用，促进不同地域功能转型与人地关系变化发展，产生差异化的乡村振兴路径。本书基于县域城乡一体化发展水平差异，结合不同区域脱贫因素、作用机制及功能定位，提出了农业现代化发展、新型城镇化发展、三产融合发展、社区共同体建设主导的四种乡村振兴路径。我国幅员辽阔，不同地域乡村发展要素禀赋不同，乡村振兴的路径与策略不同。需要着眼于不同地区乡村发展地域要素组合、过程、机理与效应，探索多样化的、生命力强的乡村振兴路径与模式，丰富乡村地理学研究内容，为新时期乡村振兴发展提供科学参考。

参考文献

[1] 鲍震宇、赵元凤：《农村居民医疗保险的反贫困效果研究——基于 PSM 的实证分析》，《江西财经大学学报》2018 年第 1 期。

[2] 边慧敏、张玮、徐雷：《连片特困地区脱贫攻坚与乡村振兴协同发展研究》，《农村经济》2019 年第 4 期。

[3] 蔡慧：《精准扶贫下的农村扶贫研究：现状、致贫原因及路径选择》，《湖北农业科学》2017 年第 18 期。

[4] 蔡书凯、何朝林：《城乡一体化发展中的政府主导与市场决定》，《区域经济评论》2015 年第 3 期。

[5] 蔡宇宏、李卓凡：《基于乡村地域主导功能的乡村振兴路径选择——以信阳市为例》，《信阳师范学院学报》（哲学社会科学版）2020 年第 3 期。

[6] 陈标平、胡传明：《建国 60 年中国农村反贫困模式演进与基本经验》，《求实》2009 年第 7 期。

[7] 陈美球、胡春晓：《协同推进脱贫攻坚与乡村振兴的实践与启示：基于江西三地的调研》，《农林经济管理学报》2019 年第 2 期。

[8] 陈清华、董晓林、朱敏杰：《村级互助资金扶贫效果分析——基于宁夏地区的调查数据》，《农业技术经济》2017 年第 2 期。

[9] 陈锐、牛文元：《城乡一体化和谐城市的战略构想》，《中国科学院

院刊》2007 年第 5 期。

［10］陈修颖、汤放华：《城乡一体化的空间分异及地域推进策略——广东省案例》，《经济地理》2013 年第 12 期。

［11］陈旭沨、冀雨潇：《贫困地区电子商务发展与农产品网销影响因素研究——以贵州省威宁县"电商扶贫"为例》，《中国农学通报》2018 年第 3 期。

［12］陈烨烽、王艳慧、赵文吉、胡卓玮、段福川：《中国贫困村致贫因素分析及贫困类型划分》，《地理学报》2017 年第 10 期。

［13］丁建军、冷志明：《区域贫困的地理学分析》，《地理学报》2018年第 2 期。

［14］豆书龙、叶敬忠：《乡村振兴与脱贫攻坚的有机衔接及其机制构建》，《改革》2019 年第 1 期。

［15］杜聪聪：《民族地区贫困县致贫因素分析——以广西为例》，《区域金融研究》2016 年第 8 期。

［16］冯丹萌：《国际视角下脱贫攻坚与乡村振兴相融合的探索》，《当代经济管理》2019 年第 9 期。

［17］高静、武彤、王志章：《深度贫困地区脱贫攻坚与乡村振兴统筹衔接路径研究：凉山彝族自治州的数据》，《农业经济问题》2020年第 3 期。

［18］高军波、韩勇、喻超、孙健武：《河南省县域农作物生产空间格局演变及专业化分区研究》，《中国农业资源与区划》2019 年第7 期。

［19］高军波、喻超、戈大专、陈建华：《不同地理环境下农户致贫机理的多尺度比较——以河南省为例》，《资源科学》2019 年第9 期。

［20］高强：《脱贫攻坚与乡村振兴有机衔接的逻辑关系及政策安排》，《南京农业大学学报》（社会科学版）2019 年第 5 期。

［21］ 葛咏、刘梦晓、胡姗、任周鹏：《时空统计学在贫困研究中的应用及展望》，《地球信息科学学报》2021 年第 1 期。

［22］ 顾朝林、李阿琳：《从解决"三农问题"入手推进城乡发展一体化》，《经济地理》2013 年第 1 期。

［23］ 郭晓娜：《教育阻隔代际贫困传递的价值和机制研究——基于可行能力理论的分析框架》，《西南民族大学学报》（人文社科版）2017 年第 3 期。

［24］ 何仁伟、李光勤、刘邵权、徐定德、李立娜：《可持续生计视角下中国农村贫困治理研究综述》，《中国人口·资源与环境》2017 年第 11 期。

［25］ 胡联、汪三贵：《我国建档立卡面临精英俘获的挑战吗?》，《管理世界》2017 年第 1 期。

［26］ 黄昌宁、赵海：《中文分词十年回顾》，《中文信息学报》2007 年第 3 期。

［27］ 黄承伟：《习近平扶贫思想体系及其丰富内涵》，《中南民族大学学报》（人文社会科学版）2016 年第 6 期。

［28］ 黄涛、秦密密：《合作治理在乡村振兴中的运用研究——以郝堂村模式为例》，《信阳师范学院学报》（哲学社会科学版）2021 年第 1 期。

［29］ 黄渊基、匡立波、贺正楚：《武陵山片区生态文化旅游扶贫路径探索——以湖南省慈利县为例》，《经济地理》2017 年第 3 期。

［30］ 霍增辉、吴海涛、丁士军、刘家鹏：《村域地理环境对农户贫困持续性的影响——来自湖北农村的经验证据》，《中南财经政法大学学报》2016 年第 1 期。

［31］ 贾俊民、葛文光：《关于三农概念与三农问题提法的考察》，《中国农村观察》2013 年第 5 期。

［32］ 贾林瑞、刘彦随、刘继来、李进涛：《中国集中连片特困地区贫

困户致贫原因诊断及其帮扶需求分析》，《人文地理》2018年第1期。

［33］姜长云：《关于实施乡村振兴战略的若干重大战略问题探讨》，《经济纵横》2019年第1期。

［34］康胜：《城乡一体化：浙江的演进特征与路径模式》，《农业经济问题》2010年第6期。

［35］李明、邵挺、刘守英：《城乡一体化的国际经验及其对中国的启示》，《中国农村经济》2014年第6期。

［36］李文彬、陈浩：《产城融合内涵解析与规划建议》，《城市规划学刊》2012年第7期。

［37］李小建、周雄飞、郑纯辉：《河南农区经济发展差异地理影响的小尺度分析》，《地理学报》2008年第2期。

［38］李毅：《精准扶贫研究综述》，《昆明理工大学学报》（社会科学版）2016年第4期。

［39］李雨欣、薛东前、马蓓蓓、董朝阳：《黄土高原地区农村贫困空间演化及偏远特征》，《干旱区地理》2021年第2期。

［40］李玉恒、武文豪、宋传垚、刘彦随：《世界贫困的时空演化格局及关键问题研究》，《中国科学院院刊》2019年第1期。

［41］李裕瑞、刘彦随、龙花楼：《黄淮海地区乡村发展格局与类型》，《地理研究》2011年第9期。

［42］李子联：《人口城镇化滞后于土地城镇化之谜——来自中国省际面板数据的解释》，《中国人口·资源与环境》2013年第11期。

［43］厉以宁：《论城乡一体化》，《中国流通经济》2010年第11期。

［44］梁喜涛、顾磊：《中文分词与词性标注研究》，《计算机技术与发展》2015年第2期。

［45］廖彩荣、郭如良、尹琴等：《协同推进脱贫攻坚与乡村振兴：保障措施与实施路径》，《农林经济管理学报》2019年第2期。

［46］廖文梅、曹国庆、孔凡斌：《农民专业合作社助力于产业化精准
扶贫的创新模式研究——以江西省石城县为例》，《农业考古》
2016 年第 6 期。

［47］廖文梅、童婷、胡春晓：《脱贫攻坚与乡村振兴的协同性分析：
以江西为例》，《农林经济管理学报》2019 年第 2 期。

［48］林奕欧、雷航、李晓瑜、吴佳：《自然语言处理中的深度学习：
方法及应用》，《电子科技大学学报》2017 年第 6 期。

［49］刘春腊、黄嘉钦、龚娟、谢炳庚：《中国精准扶贫的省域差异及
影响因素》，《地理科学》2018 年第 7 期。

［50］刘红梅、张忠杰、王克强：《中国城乡一体化影响因素分析：基
于省级面板数据的引力模型》，《中国农村经济》2012 年第 8 期。

［51］刘倩、张戬、何艳冰、杨新军：《秦巴山特困区农户生计资本及
生计策略研究——以商洛市为例》，《干旱区地理》2020 年第
1 期。

［52］刘小鹏、李永红、王亚娟等：《县域空间贫困的地理识别研
究——以宁夏泾源县为例》，《地理学报》2017 年第 3 期。

［53］刘彦随：《科学推进农村土地整治战略》，《中国土地科学》2011
年第 4 期。

［54］刘彦随：《农村治污没有退路》，《人民日报》2013 年 2 月 26 日。

［55］刘彦随：《中国新农村建设地理论》，科学出版社，2011。

［56］刘彦随：《中国新时代城乡融合与乡村振兴》，《地理学报》2018
年第 4 期。

［57］刘彦随、李进涛：《中国县域农村贫困化分异机制的地理探测与
优化决策》，《地理学报》2017 年第 1 期。

［58］刘彦随、刘玉：《中国农村空心化问题研究的进展与展望》，《地
理研究》2010 年第 1 期。

［59］刘彦随、严镔、王艳飞：《新时期中国城乡发展的主要问题与转

型对策》，《经济地理》2016 年第 7 期。

［60］刘彦随、周扬、刘继来：《中国农村贫困化地域分异特征及其精准扶贫策略》，《中国科学院刊》2016 年第 3 期。

［61］刘彦随、周扬、刘继来：《中国农村贫困化地域分异特征及其精准扶贫策略》，《中国科学院院刊》2016 年第 3 期。

［62］刘永富：《中国特色扶贫开发道路的新拓展新成就》，《社会治理》2017 年第 8 期。

［63］刘宇翔：《欠发达地区农民合作扶贫模式研究》，《农业经济问》2015 年第 7 期。

［64］龙花楼、刘彦随、张小林、乔家君：《农业地理与乡村发展研究新近进展》，《地理学报》2014 年第 8 期。

［65］龙花楼、屠爽爽、戈大专：《新型城镇化对扶贫开发的影响与应对研究》，《中国科学院院刊》2016 年第 3 期。

［66］龙花楼、邹健：《我国快速城镇化进程中的乡村转型发展》，《苏州大学学报》2011 年第 4 期。

［67］陆印、刘彦随：《新时期中国农村土地综合整治逻辑体系框架》，《人文地理》2016 年第 3 期。

［68］罗必良：《论生态经济系统的边界》，《农业现代化研究》1991 年第 5 期。

［69］罗庆、樊新生、高更、杨慧敏：《秦巴山区贫困村的空间分布特征及其影响因素》，《经济地理》2016 年第 4 期。

［70］梅士建、杨静静：《乡村振兴战略视角下特色小镇建设的路径选择——以河南省为例》，《信阳师范学院学报》（哲学社会科学版）2019 年第 6 期。

［71］牛若峰：《中国农业现代化走什么道路》，《中国农村经济》2001 年第 1 期。

［72］欧向军、顾朝林：《江苏省区域极化及其动力机制定量分析》，

《地理学报》2004 年第 5 期。

[73] 潘竟虎、冯娅娅：《中国农村深度贫困的空间扫描与贫困分异机制的地理探测》，《地理学报》2020 年第 4 期。

[74] 钱贵霞、郝永红、吴迪：《内蒙古农村牧区贫困状况及成因分析——基于国家重点贫困旗县数据》，《内蒙古大学学报》（哲学社会科学版）2013 年第 5 期。

[75] 石天戈、时卉：《基于地理探测器的乌鲁木齐城市扩张特征与时空驱动因素分析》，《干旱区地理》2021 年第 3 期。

[76] 汪三贵、冯紫曦：《脱贫攻坚与乡村振兴有机衔接：逻辑关系、内涵与重点内容》，《南京农业大学学报》（社会科学版）2019 年第 5 期。

[77] 汪三贵、刘未：《以精准扶贫实现精准脱贫：中国农村反贫困的新思路》，《华南师范大学学报》（社会科学版）2016 年第 5 期。

[78] 汪三贵、曾小溪、殷浩栋：《中国扶贫开发绩效第三方评估简论——基于中国人民大学反贫困问题研究中心的实践》，《湖南农业大学学报》（社会科学版）2016 年第 3 期。

[79] 汪侠、甄峰、沈丽珍、吴小根：《基于贫困居民视角的旅游扶贫满意度评价》，《地理研究》2017 年第 12 期。

[80] 王春光：《农村流动人口"半城市化的实证分析"》，《学习与探索》2009 年第 5 期。

[81] 王飞、陈立、易绵竹等：《新技术驱动的自然语言处理进展》，《武汉大学学报》（工学版）2018 年第 8 期。

[82] 王国勇、邢溦：《我国精准扶贫工作机制问题探析》，《农村经济》2015 年第 9 期。

[83] 王劲峰、徐成东：《地理探测器：原理与展望》，《地理学报》2017 年第 1 期。

[84] 王士君、田俊峰、王彬燕等：《精准扶贫视角下中国东北农村贫

困地域性特征及成因》，《地理科学》2017年第10期。

［85］王艳慧、钱乐毅、陈烨烽：《生态贫困视角下的贫困县多维贫困综合度量》，《应用生态学》2017年第8期。

［86］王永明、王美霞：《贵州省乡村贫困空间格局与形成机制分析》，《地理科学》2017年第2期。

［87］王祯：《转型时期农村政治参与形态分析》，《中州学刊》2003年第4期。

［88］王峥、邹知言、郭蕾：《南方脱贫攻坚的典型模式与经验启示——基于闽粤桂黔的经验总结》，《农林经济管理学报》2017年第2期。

［89］文琦、施琳娜、马彩虹等：《黄土高原村域多维贫困空间异质性研究——以宁夏彭阳县为例》，《地理学报》2018年第10期。

［90］吴传俭：《经济资源错配视角下的农村贫困与中国反贫困路径研究》，《宏观经济研究》2016年第6期。

［91］武鹏、李同昇、李卫民：《县域农村贫困化空间分异及其影响因素——以陕西山阳县为例》，《地理研究》2018年第3期。

［92］奚雪峰、周国栋：《面向自然语言处理的深度学习研究》，《自动化学报》2016年第10期。

［93］徐超：《现代可持续农业发展的科技支撑系统研究》，《科技进步与对策》2007年第4期。

［94］徐星明、杨万江：《我国农业现代化进程评价》，《农业现代化研究》2000年第5期。

［95］许峰华、盘彦镟：《反贫困视域下连片特困地区职业教育定向培养模式的建构》，《中南民族大学学报》（人文社会科学版）2017年第1期。

［96］薛丽敏、吴琦、李骏：《面向专用信息获取的用户定制主题网络爬虫技术研究》，《信息网络安全》2017年第2期。

［97］ 杨慧敏、罗庆、李小建：《河南省县域贫困程度及影响因素分析》，《人文地理》2017 年第 5 期。

［98］ 杨龙、李萌：《贫困地区农户的致贫原因与机理——兼论中国的精准扶贫政策》，《华南师范大学学报》（社会科学版）2017 年第 4 期。

［99］ 杨洋、姚梓越、柴溢：《基于生计资本视角下原中央苏区致贫原因分析》，《中国集体经济》2015 年第 27 期。

［100］ 杨园园、刘彦随、张紫雯：《基于典型调查的精准扶贫政策创新及建议》，《中国科学院院刊》2016 年第 10 期。

［101］ 杨志恒、黄秋昊、李满春等：《产业扶贫视角下村域空间贫困陷阱识别与策略分析——以湘西保靖县为例》，《地理科学》2018 年第 6 期。

［102］ 姚锐敏、王杰：《县级政府网上信息公开的现状与发展趋势——基于我国 124 个县级政府门户网站的测评数据》，《行政论坛》2016 年第 6 期。

［103］ 殷广卫、薄文广：《基于县级城市的城乡一体化是我国城市化道路的一种政策选择》，《中国软科学》2011 年第 8 期。

［104］ 袁媛、李珊：《大城市低收入邻里社会贫困的测度差异与成因》，《地理学报》2012 年第 10 期。

［105］ 袁媛、吴缚龙：《基于社会剥夺理论的城市社会空间剥夺评价与应用》，《城市规划学刊》2010 年第 1 期。

［106］ 袁媛、吴缚龙、许学强：《转型期中国城市贫困和剥夺的空间模式》，《地理学报》2009 年第 10 期。

［107］ 袁媛、许学强：《转型时期我国城市贫困地理的实证研究：以广州市为例》，《地理科学》2008 年第 4 期。

［108］ 曾健荣、张仰森、郑佳、黄改娟、陈若愚：《面向多数据源的网络爬虫实现技术及应用》，《计算机科学》2019 年第 5 期。

［109］张蓓：《以扶志、扶智推进精准扶贫的内生动力与实践路径》，《改革》2017 年第 12 期。

［110］张果、任平、周介铭等：《城乡一体化发展的动力机制研究：以成都市为例》，《地域研究与开发》2006 年第 6 期。

［111］张向敏、罗燊、李星明等：《中国空气质量时空变化特征》，《地理科学》2020 年第 2 期。

［112］张远新、董晓峰：《论脱贫攻坚的中国经验及其意义》，《浙江社会科学》2021 年第 2 期。

［113］赵昌文、郭晓鸣：《贫困地区扶贫模式：比较与选择》，《中国农村观察》2000 年第 6 期。

［114］赵春雨、温瑞霞、杨娜：《皖西地区贫困空间分异的影响机制》，《自然资源学报》2020 年第 12 期。

［115］郑秀峰：《中国农村的产业发展及方向选择》，《经济经纬》2016 年第 2 期。

［116］周春山、刘洋、朱红：《转型时期广州市社会区分析》，《地理学报》2006 年第 10 期。

［117］周晓唯、魏昭君：《我国农民市民化存在的问题及解决途径》，《四川理工学院学报》（社会科学版）2011 年第 4 期。

［118］周扬、李寻欢：《平原农区贫困地理格局及其分异机制——以安徽省利辛县为例》，《地理科学》2019 年第 10 期。

［119］朱金鹤、崔登峰：《新疆城乡一体化进程的影响因素与评价研究》，《干旱区资源与环境》2012 年第 12 期。

［120］朱启铭：《脱贫攻坚与乡村振兴：连续性、继起性的县域实践》，《江西财经大学学报》2019 年第 3 期。

［121］庄天慧、孙锦杨、杨浩：《精准脱贫与乡村振兴的内在逻辑及有机衔接路径研究》，《西南民族大学学报》（人文社科版）2018 年第 12 期。

［122］ 左停、刘文婧、李博:《梯度推进与优化升级:脱贫攻坚与乡村振兴有效衔接研究》,《华中农业大学学报》(社会科学版) 2019 年第 5 期。

［123］ Alkire S., Foster J. Counting and Multidimensional Poverty Measurement. *Journal of Policy Modeling*, 2010, 32 (6).

［124］ Alkire, S., Foster, J., Counting and Multidimensional Poverty Measurement. *Journal of Public Economics*, 2011, 95 (7-8).

［125］ Bailey N., Livingston M. Selective Migration and Neighbourhood Deprivation: Evidence from 2001 Census Migration Data for England and Scotland. *Urban Studies*, 2008, 45 (4).

［126］ Basu P., Chakraborty J. Land, Labor, And Rural Development: Analyzing Participation In India's Village Dairy Cooperative. *Professional Geographer*, 2008, 60 (3).

［127］ Belhadj B. New Fuzzy Indices of Poverty by Distinguishing Three Levels of Poverty. *Research in Economics*, 2011, 32 (6).

［128］ Bradshaw M., Vartapetov K. A New Perspetive on Regional Inequality in Russia. *Eursian Geography and Economics*, 2003, 44 (6).

［129］ Chambers D., Wu Y., Yao H. The Impact of Past Growth on Poverty in Chinese Provinces. *Journal of Asian Economics*, 2008, 19 (4).

［130］ Chen G., Gu C. L., Wu F. L. Urban Poverty in the Transitional Economy: a Case of Nanjing, China. *Habitat International*, 2006, 30 (1).

［131］ Christiaensen L., De Weerdt J., Todo Y. Urbanization and Poverty Reduction: the Role of Rural Diversification and Secondary Towns. *Agricultural Economics*, 2013, 44 (4-5).

［132］ DETR. Indices of Deprivation: a Summary of Results. London,

Depratement of Environment, Transport and the Regions, 1998.

［133］ Getnet K. , Anullo T. Agricultural Cooperatives and Rural Livelihoods: Evidence from Ethiopia. *Annals of Public & Cooperative Economics*, 2012, 83 (2) .

［134］ Gordon D. Census Based Deprivation Indices: Their Weighting and Validation. *Journal of Epidemiology &Community Health*, 1995 , 49 (2).

［135］ Gray, L. , Moseley, G. A Geographical Perspective on Poverty-environment Interactions. *The Geographical Journal*, 2005, 171 (1).

［136］ Gulen Ozdemir, Women's Cooperatives in Turkey. *Procedia-Social and Behavioral Sciences*, 2013, 81 (5) .

［137］ Joannid S. , Ferraud-Ciandet N. , Cortese C. Special Issue on Cooperatives: a Mode of Governance and Accountability for a Better World? . Journal of Accounting & Organizational Change, 2012, 23 (6).

［138］ Jongchul L. . Changes in the Source of China's Regional Inequality. *China Eeconomic Review*, 2001, 11 (3) .

［139］ Kearns A. , Gibb K. , Mackay D. Area deprivation in Scotland: a new assessment. Uban Studies, 2000, 37 (9) .

［140］ Khan Jabir Hasan, Hassan Tarique, Shamshad. Incidence of Poverty and Level of Socio-economic Deprivation in India. *Journal of Developing Areas*, 2014, 48 (2) .

［141］ Ley D. , Smith H. Relations between Deprivation and Immigrant Groups in Large Canadian Cities, *Urban Studies*, 2000, 37 (1) .

［142］ Li Y. H. , Wang X. , Westlund H. , et al. Physical Capital, Human Capital and Social capital: The changing roles in China's economic growth, *Growth and Change*, 2015, 46 (1) .

［143］ Li Y. R. , Long H. L. , Liu Y. S. Spatio-temporal Pattern of

China's Rural Development: A Rurality Index Perspective. *Journal of Rural Studies*, 2015, 38（1）.

［144］Li Y. R., Wang J., Long H. L., et al. Problem Regions and Regional Problems of Socio-economic Development in China: a Perspective from the Coordinated Development of Industrialization, Informatization, Urbanization and Agricultural Modernation. *Journal Geography Science*, 2014, 24（6）.

［145］Liu Y. S., Fang F., Li Y. H.. Key Issues of Land Use in China and Implications for Policy Making, *Land Use Policy*, 2014（40）.

［146］Liu Y. S., Wang J. Y., Long H. L. Analysis of Arable Land Loss and Its Impact on Rural Sustainability in Southern Jiangsu Province of China. *Journal of Environmental Management*, 2010, 91（3）.

［147］Liu Y., Li Y. Revitalize the World's Countryside. *Nature*, 2017, 548（7667）.

［148］Liu Y. S., Liu Y., Chen Y. F., et al. The Process and Driving Forces of Rural Hollowing in China Under Rapid Urbanization. *Journal of Geographical Sciences*, 2010, 20（6）.

［149］Logan J., Bian Y., Bian F. Housing Inequality in Urban China in the 1990s. *International Journal of Urban and Regional Research*, 1999, 23（1）.

［150］Long H. L., Liu Y. S., Li X. B., Chen Y. F. Building New Countryside in China: A Geographical Perspective. *Land Use Policy*, 2010, 27（2）.

［151］Majee W., Hoyt A. Cooperatives and Community Development: A Perspective on the Use of Cooperatives in Development. *Journal of Community Practice*, 2011, 19（1）.

［152］Mclennan D. The English Indices of Deprivation 2010.

[153] Michael N. Small Area Indices of Multiple Deprivation in South Africa. *Social Indicators Research*, 2010, 95（2）.

[154] Michael Pacione. The Geography of Disadvantage in Rural Scotland. *Journal of Economic and Social Geography*, 2003, 95（4）.

[155] Naschold F. The Poor Stay Poor：Household Ssset Poverty Traps in Rural Semi-arid India. *World Development*, 2012, 40（10）.

[156] Noble M. , Wright G. Using Indicators of Multiple Deprivation to Demonstrate the Spatial Legacy of Apartheid in South Africa. *Social Indicatorss Research*, 2013, 112（1）.

[157] Norris G. Defining Urban Deprivation. Urban Deprivation and Inner City. C. Jones. London, Croom Helm. 1979.

[158] Okwi P. , Ndeng G. , Kristjanson P. , et al. Spatial Determinants of Poverty in Rural Kenya. *Proceedings of the National Academy of Sciences*, 2007, 104（43）.

[159] Olivia S. , Gibson J. , Rozelle S. , et al. Mapping Poverty in Rural China：How Much Does the Environment Matter? . *Environment and Development Economics*, 2011, 16（2）.

[160] Paul M. Poverty, Place, and Rurality：Material and Sociocultural Disconnections. *Environment and Planning* A, 2014, 46（10）.

[161] Petrakos G. Patterns of Regional Inequality in Transition Economies. *Euruopean Planning Studies*. 2001, 9（3）.

[162] Ruben R. , Heras J. Social Capital, Governance and Performance of Ethiopian Coffee Cooperatives. *Annals of Public and Cooperative Economics*, 2012, 83（4）.

[163] Sarah E. , Victoria L. , Eric S. Geographical Relational Poverty Studies. *Progress in Human Geography*, 2017, 41（6）.

[164] Sherman J. Coping with Rural Poverty：Economic Survival and Moral

Capital in Rural America. *Social Forces*, 2006 (85).

[165] Tanaka Y., Munro A. Regional Variation in Risk and Time Preferences：Evidence from a Large-scale Field Experiment in Rural Uganda . *Journal of African Economies*, 2014, 23 (1).

[166] Townsend Peter. Deprivation. Journal of Social Policy. 1987, 16 (2).

[167] Wei Y. H., Ye X. Y. Regional Inequality in China：a Case Study of Zhejiang Province. *Tijdschrift Voor Economische En Sociale Geografie* , 2004, 95 (1).

[168] Wong C. Indicators of Urban and Regional Planning：the Interplay of Policy and Methods. *London, Routledge*. 2006.

[169] Wu W. P. Migrant Settlement and Spatial Distrbution in Metropolitan Shanghai. *The Professional Geographyer*, 2008, 60 (1).

[170] Yuan Y. , Wu F. L. The Development of the Index of Multiple Deprivations from Small-area Population Census in the City of Guangzhou, PRC. *Habitat International*, 2014, 41.

[171] Yuan Y., Li S. The Measurement, Spatial Differentiation and Driving Forces of Social Deprivation in Low-income Neighborhoods in Chinese Large Cities. *Acta Geographica Sinica*, 2012, 67 (10).

[172] Yuan Y., Wu F. L., Xu X. Q. Multiple Deprivation in Transitional Chinese Cities：a Case Study of Guangzhou. *Urban Affairs Review*, 2011, 47 (5).

[173] Yuan Y., Wu F. L. The Evaluation of Social Space from the Perspective of Deprivation Theory. 2010, 186 (1).

[174] Yuan Y., Wu F. L., Xu X. G. The Spatial Pattern of Poverty and Deprivation in Transitional Chinese City：Analysis of Area-based Indicators and Individual Data. *Acta Geographica Sinica*, 2009, 64 (10).

［175］Yuan Y. , Wu F. L. , Xu X. G. Multiple Deprivation in Transitional Chinese Cities: a Case Study of Guangzhou. *Urban Affairs Review*, 2011, 47 (5).

［176］Yuan Y. , Wu F. L. Regional Social Inequalities and Social Deprivation in Guangdong Province, China. *Growth and Change*, 2013, 44 (1). \

［177］Yuan Y. , Xu X. G. Geograph of Urban Deprivation in Transitional China: A Case Study of Guangzhou City. *Scientia Geographica Sinica*, 2008, 28 (4).

［178］Zhou C. S. , Liu Y. , Zhou H. Aanalysis on Social Areas of Guangzhou City During the Economy System Transformation. *Acta Geographica Sinica*, 2006, 61 (10).

后　记

　　本书是在我的博士后出站报告基础上拓展、修订后完成的。十年前，我从城市地理转向乡村科学，师从发展中国家科学院院士、长江学者特聘教授、中国科学院地理科学与资源研究所研究员刘彦随老师进行博士后研究，对乡村地理这一新兴但又陌生的领域，心中既兴奋又惶恐不安！五年前，为响应精准扶贫国家战略，我聚焦乡村贫困研究主题，沿着研究缘起、贫困特征、贫困格局、致贫成因、脱贫机理、振兴路径的脉络，提交出站报告，心中满怀敬畏和知不足的遗憾，但更多的是感知着乡村科学的厚重和对乡村地理研究的向往。其中的成长与进步皆得益于恩师刘彦随先生的指导与培养。回首向来经行处，充满了感激与感恩。

　　进入中科院地理所加入刘彦随老师团队进行博士后学习，我倍感幸运。刘老师是国内外农村农业与土地工程领域的著名学者，他思维敏捷，学识渊博。但于我这个乡村研究领域的初涉者，不论是对"学习、学术、学问"等治学要领的讲解，还是对黄土高原"山上还林还草，山下治沟造地"等研究实践的指导，刘老师始终保持独有的耐心与精心，鞭辟入里、娓娓道来。刘老师的每一次指导和点拨，都让我受益良多，使我在论文写作及项目研究上取得了长足进步，先生解惑授业之恩将永远铭记在心！刘老师修身处事具有独特魅力，深深地影响着我。不论是在河北保定空心村调研时，还是在北京、河北阜平等精准扶贫第三方评估中，每一次倾听、每一次交流，都感动于先生的赤子之心和家国情怀！在日常学习生活中，刘老师敬重学术前辈，提携关照年轻人，对我们更是多方协助、关爱有加，点点滴滴的影响，都激励着我要勤勉努力、完善自己，这是我受益终身的宝贵财富！

在站期间，龙花楼研究员在论文写作上给予我诸多指导，陈玉福副研究员在生活上给予我大量帮助，在此向龙老师和陈老师表达衷心感谢！感谢研究团队的王介勇、李裕瑞、李玉恒、周扬、杨园园、刘正佳、王永生、李琳娜、龚建周、胡银根、胡守庚、杜国明、文琦、乔伟峰、员学锋、高金龙等各位老师和同门，是怎样的缘分让我有幸和你们相识、向你们学习，你们的真诚让我收获了友情，你们的卓越激励着我不断奋进！

感谢我的同事韩勇博士、喻超博士、马志飞博士，围绕乡村科学的共同研究兴趣，我们组建了河南省精准扶贫与乡村振兴软科学研究基地，为本书研究体系的拓展、完善提供支持！感谢陈建华、孙健武、张欣怡三位同学，严寒酷暑的辛苦付出皆致力于奋斗青春的塑造。

感谢我的父母、妻子和儿女，为了科研和学业，我疏于家庭和陪伴，每念于此，愧疚之余，甚为感激！他们的支持让我在追求与成长路上从未孤单，他们是我前进的永恒动力！

社会科学文献出版社的任文武老师、吴尚昀编辑在本书出版过程中付出大量劳动，对他们的敬业精神和高效专业的工作能力表示敬意和感谢！

高军波

2023 年 2 月 23 日

图书在版编目（CIP）数据

基于致贫成因和脱贫机理的乡村振兴路径研究／高
军波著 . -- 北京：社会科学文献出版社，2023.3
ISBN 978-7-5228-1477-3

Ⅰ. ①基… Ⅱ. ①高… Ⅲ. ①农村-社会主义建设-
研究-中国 Ⅳ. ①F320.3

中国国家版本馆 CIP 数据核字（2023）第 037024 号

基于致贫成因和脱贫机理的乡村振兴路径研究

著　　者／高军波

出 版 人／王利民
组稿编辑／任文武
责任编辑／徐崇阳
文稿编辑／吴尚昀
责任印制／王京美

出　　　版／社会科学文献出版社·城市和绿色发展分社（010）59367143
　　　　　　地址：北京市北三环中路甲 29 号院华龙大厦　邮编：100029
　　　　　　网址：www.ssap.com.cn
发　　　行／社会科学文献出版社（010）59367028
印　　　装／三河市东方印刷有限公司

规　　　格／开本：787mm×1092mm　1/16
　　　　　　印张：15.25　字数：191 千字
版　　　次／2023 年 3 月第 1 版　2023 年 3 月第 1 次印刷
书　　　号／ISBN 978-7-5228-1477-3
定　　　价／88.00 元

读者服务电话：4008918866